海外生活の達人たち

世界40か国の人と暮らし

齋藤志緒理 著
プロデュース
株式会社インテック・ジャパン

国書刊行会

刊行によせて

株式会社インテック・ジャパンは、およそ4半世紀の間、企業に対し「異文化コミュニケーション研修」や「海外赴任前研修」を実施させていただいている。この間、私たちをとりまく社会や経済状況は大きく変化し、「グローバル」という言葉も一般的になった。

一方、企業経営者や人事担当者は「真のグローバル人材が欲しい」という切実な悩みを抱えている。多くの企業が「グローバル人材＝外国語ができる人」と考えていたことについて再考しはじめているようだ。

ヒト（人材）・モノ（商品）・カネ（資金）・情報が、簡単に国境を越える世の中になった今、日本人が海外で仕事をすることも、国内で海外から来た外国人と共に仕事をすることも珍しいことではなくなった。求められている「真のグローバル人材」とは、「どこでも・誰とでも・うまくやれる人材」のことである。ビジネスの世界に関わらず、政治でも、スポーツでも、芸術でも、同じような「真のグローバル人材」が求められている。

しかし「十人十色」とはよく言ったもので、世の中に誰ひとり同じ考え方の人はいない。日本人ならまだしも、生まれ育った環境が異なる、さまざまな国や地域の多様な人たちとどうやったら「うまくやる」ことができるのか？ 今や、誰もが知りたいテーマになった。

異なる国の人々とコミュニケーションをとるためには、最低限の語学の力は必要であるが、より重要なことは、「相手や相手が大切にしている文化に対する理解と尊重」である。また同時に「自分自身そして自分が大切にしている文化への理解」も不可欠となる。「うまくやる」ことの近道は、相手と自分との「あいだ」にある「ちがい」を認め、それを起点に対話を重ねていくことである。相手との「ちがい」を鮮明にするためには、相手のみならず、自分は何モノでどんな文化や価値観を大切にしているのかを語ることが必要だ。


今回刊行する本書について少しおおげさに紹介させていただくと、「自分を知るためのきっかけを与えてくれるツール」ではないかと思っている。人が異なる文化に接し驚きを感じるとき、それは自分の持つ前提や文化とのギャップを認識するときであり、それは同時に自分自身についての理解を深めるときとなる。

本書には「普通のひと」が海外生活の中で感じた違和感や疑問が数多く述べられている。各方面で活躍されている皆さんを「普通のひと」と呼ぶのは大変失礼であるが、国と国、文化と文化、価値観と価値観といった仰々しい話ではなく、「日常の生活実感」の中にこそ、私たちが感じとるべき大切な「ちがい」があると思ったからである。「神は細部に宿る」という言葉があるが、それぞれの国に暮らしてきた人々が、その土地で育んだ、豊かな生活を送るためのさまざまな知恵に触れることができる。

一つひとつの国のエピソードも大変面白いのだが、ぜひ、全体を通読していただき、国や地域の枠を越えて浮かび上がってくる「人間の人間らしさ」を感じとっていただければ幸いかと思う。

2012年6月

株式会社インテック・ジャパン
代表取締役社長　勝呂　彰

はじめに

人間は誰しも、生まれ育つ過程で、様々な経験や出会いを通じ、自分自身の人生観を形作っていく。成人してからも、個々人が社会生活を送る世界はまちまちであり、その世界の中の常識や感覚も決して同一ではない。しかし、それ以前に（われわれが意識しているか否かにかかわらず）生まれ育った土地や国の文化から受ける影響には無視できないものがある。どんなに「価値観の多様化」が進んだとしても、日本人として共有する精神性が社会のバックボーンとして、依然大きな存在であることには変わりがない。

そうした意味で、「海外経験」が人生におけるターニングポイントとなるケースは多々ある。異文化との軋轢を実感し、時には自分の中の〝譲れないもの〟を感じ、時には新しい考え方に目覚めていく。海外経験によって、その先の人生行路が決定づけられることもある。

本書は、筆者が海外各国に長期間滞在した日本人や、当該国出身の外国人をインタビューし、その国のありのままの姿をまとめたものである。彼らが語るその国の人々の暮らしや価値観に耳を傾けると、日本人に通じる部分もあるが、われわれとは違った見方や感性に随所で気づかされる。その国に深く分け入り、様々な葛藤を経て、自分なりの答えをみつけた方々だからこそ語り得るメッセージも多い。

各国の色調や、そこで繰り広げられている光景は様々だが、登場人物の思いにそって読み進んでいただければ、既成イメージとは異なる一面に、あるいは今まで知らなかったようなその国の表情に出会えることと思う。

ここで、本篇の中から、インタビューした方のことばをいくつかご紹介したい。

「自然の中では、一人でつっぱりきれなくなる。いばっても、格好をつけてもしょうがない。だから自分が〝等身大〟になれる。わが子にモンゴルの草原での滞在を体験させてあげたいと、日本から親子で草原紀行に参加する家族もある。中には親や周りに心を閉ざした子どももいるが、日を経るごとに生気を蘇らせていく姿を見るのは嬉しい」(モンゴル編　西村幹也さん)

「輪廻転生の考えも根強く、カーストが低い身分に生まれた者は、前世の行いが悪かったためと、諦めの境地に至ることもある。ある意味達観しているからなのか、彼らは人生を大きな時間の流れに委ね、ゆったりとした心持ちで過ごしているように見える」（ネパール編　山脇幸子さん）

「重篤な病にかかった家族がいても、病院に連れていくことはできない。子だくさんが一般的な彼らは、貴重なお金を、これから生きていくべき子どもたちのために使わねばならないのだ。人の死は、この地では至極身近だが、彼らは皆、避け得ないものとしてそれを受け入れ、淡々と暮らし続ける。家族の死と隣り合わせの人生では、大抵のことは小さく感じられて当然。彼らの穏やかさや、些細なことにこだわらないおおらかさは、こうした現実に根ざすところもあるのではないか」（ザンビア編　木村哲郎さん）

「恵んであげるのではなく、恵ませてもらっていると思い、ご馳走してあげるのではなく、ご馳走させてもらっていると考え、感謝するのがイスラムの教えにかなった生き方なのである」（モロッコ編　外山厚子さん）

本書をひもといて下さる皆様には、ぜひ、各国滞在者の思いや驚きを追体験していただければと思う。また、実際に海外の国々を訪れる機会のある方は、今度はご自身の目とアンテナで、その国を感じていただければと願う次第である。

海外生活の達人たち　目次

アジア

ヨーロッパ

北中南米

中東・アフリカ

※本書で各編の冒頭に掲載した「面積」「人口」「民族」「宗教」のデータは、主に外務省のホームページ［各国・地域情勢］欄の情報（本書編集時に最新のもの）を参考に作成した。

アジア

モンゴル

タイ

ネパール

ラオス

カンボジア

ベトナム

韓国

中国

インドネシア

マレーシア

パキスタン

マカオ

モンゴル◆Mongolia

●面積：156・4万㎢
●人口：280万人
●民族：モンゴル人（全体の95％）、及びカザフ人、トゥバ人
●宗教：チベット仏教、イスラム教（カザフ人の間で）、シャーマニズムなどの民間信仰

他人の顔色を窺っては生きていけない

2006年、北海道・羊蹄山の東麓に居を構えた西村幹也さんは、2008年6月「NPO法人北方アジア文化交流センター・しゃがぁ」*を立ち上げた。

西村さんは、東京外国語大学モンゴル語学科に在学中、政治学や経済学では解釈できない人間の営みがあることを痛感し、「文化人類学」と「シャーマニズム」に目を向けた。シャーマニズムの研究は、人間と自然の関係を考えることにもつながる。厳しい自然と隣り合わせのモンゴルの人々は一体どのように世界を捉え、どう生きているのか——大学3年次、西村さんは、その答えを求め、留学を決意する。

当時、社会主義国だったモンゴルへの留学は容易でなかったため、1991年1月、中国内モンゴル自治区内の内蒙古師範大学に留学した。そして6カ月間、モンゴル語習得とシャーマニズム関連文献の収集に励んだ。学友たちは異邦人である西村さんを親身に気遣い、生活・学問の両面で無欲に助けてくれた。その時の深い感謝と「彼らと一生つきあっていきたい」という思いが、今も西村さんの根幹にある。

モンゴルは、1992年2月に「モンゴル人民共和国」から「モンゴル国」となり、西村さんは、同年10月から1年間、新生モンゴルの国立民族大学に留学。また1997年から1998年まで、国立外国語大学に留学し、フィールドワークを行った。日本でも博士課程に進み、研究機関や大学での職歴を積み重ねているが、西村さん本人は、「生涯フィールドワーカー」と自らを位置づけている。実際、十余年前までは1年の3分の2を、現在も年に延べ1〜3カ月はモンゴルで過ごし、現地の動きを肌で感じている。

「力」を価値基準とする徹底した合理主義

「モンゴルのことを語り出すと、つい辛口になってしまうのです」西村さんは、そう前置きして、率直なコメントを次々に繰り出した。「モンゴルの人々は、合理主義が徹底している。せっかく人間関係を培ってきても、自分に利がないと見ると、裏切ることがある」「これは、元をたどれば、草原での暮らしによるところが大きい。厳しい自然が相手の遊牧生活では、他人の顔色を窺っていたら生きていけない。自分が全て決めていかなくてはならないから、自己本位に考える」

この点について、西村さんは、自著『もっと知りたい国モンゴル』で次のように述べている。「モンゴル人たちの多くは、圧倒的自然の力のもとで暮らしている。自然界によって支配されるのを日常的に受け入れる彼らは〝強者による支配〟を否定しない。むしろ、より力を持つ者に庇護を求めることで自分を守り、この方法によることを恥とは考えない。弱者であることを積極的に認め、弱肉強食の法則に従う。そして、自分を守ってくれるのであれば、たとえ、その強者が悪人だとしても問題としない。内心、不平不満があっても、益があるならば、そこを離れない。その者が力を失ったり、より強い者が現れたら、あっさりとそちらへ乗り換える。裏切りと言われようと、綺麗さっぱりと鞍替えしてしまう。力が価値基準の基本にあるから、力を失った者が悪く、そこを見捨てることは、当然のことと捉えているようだ。恐ろしいくらいシビアな人間関係がそこにはある」

都市に持ち込まれた草原生活の合理主義

「問題なのは、人々が秩序をもち、互いに配慮し合って暮らすべき都市に、そうした合理主義や自己中心的考え方を持ち込んでしまったこと」と西村さん。

「ウランバートルの人々は、遊牧民として生きる術はもうもち合わせていない。遊牧民の自然観も理解しない。そういう人たちが国のことを決めていくことに危惧を覚える。例えば、利水の問題がある。社会主義時代に、草原に井戸が掘られ、利水が管理されていたが、社会主義崩壊後は、施設の管理をする者がなく、荒れるに任せていた。都市の資産家がそうした施設を修復して私有化し、誰のものでもなかった周辺の土地をも私有化して遊牧地にする。結果何が起こったかというと、〝過放牧〟だ。遊牧の基本は、季節によって放牧地を変え、草原の再生サイクルを保つこと。しかし、彼らは遠くの遊牧地まで家畜を率いていく手間を惜しみ、同じ地で放牧を繰り返すので、再生サイクルが機能しなくなる。家畜

草原で遊ぶ子どもたち。何もなくても、朝から晩まで笑い声が絶えない。（撮影：西村幹也）

も不健康になり、先細り状態。経済利潤を優先して地下水を吸い上げてしまい、水脈の下流に住む遊牧民の暮らしのことは顧みない」

首都ウランバートルには全国民の3分の1強に相当する百万人が住んでいるが、近年都市民の中で、富裕層と貧困層への二極化が進んでいる。利権や経済力を手中にした富裕層に相対する勢力は、芽が育つ前に摘まれてしまうか、取り込まれてしまうのが常で、「強いものが正しい」といった有無を言わせぬ力学が働く。貧困層の人々の意識も、「強者の暴を正そう」というのではなく、「自分たちも彼らに続いて、豊かになりたい」というふうに傾く。

草原の哲学

「必要な時に、必要なものを、必要なだけ使う」

これは、西村さんが遊牧民から学んだ草原の哲学である。フィールドワークのため、ある遊牧民一行と長期にわたって共同生活をしていたときのこと、冬の間、狩りに出かけるといってその中の数名が集団を離れた。1カ月後に彼らが持ち帰ったのは、なんと鹿一頭だけ。「それだけ長く狩りに出たのだから、今後の備蓄のために、もっとたくさん獲ってくればよかったのに」と思ったが、彼らは「なくなったら、また行けばいいさ」とあっさりしたものだ。

モンゴルの遊牧民たちは、自然界や森のことを〝ハンガイ〟と呼ぶ。〝ハンガイは自分たちに恵みを与えてくれる大きな存在。ハンガイに対して欲深くなったらおしまい〟と自然への畏敬の念を忘れない。「元々あるこうした草原の哲学を崩しにかかっているのが、近年の都市民の価値観なのです……」と西村さんは言う。

「しゃがぁ」を通じて、モンゴルと日本の交流のため、様々な情報発信を行い、講演会、写真展覧会、コンサートなどの企画を実施している西村さん。毎年夏になると、モンゴルの草原ツアーをプロデュースし、同行するのだが、その旅では、あえて旧型でエアコンのないバスを使う。

「暑さの中、ほこりにまみれてバスに揺られ、ようやく目指すゲルに到着すれば、ゲルのありがたみや、そこで出される一杯のお茶のおいしさがわかるというもの」「自然の中では、一人でつっぱりきれなくなる。いばっても、格好をつけてもしょうがない。自分が〝等身大〟になれる。わが子にモンゴルの草原

針葉樹林帯「タイガ」に暮らす人々。それぞれが一番かわいがっているトナカイを連れて（撮影：西村幹也）

での滞在を体験させてあげたいと、親子でツアーに参加する家族もある。中には親や周りに心を閉ざした子どももいるが、日を経るごとに生気を蘇らせていく姿を見るのは嬉しいもの」とほほえむ。

そして「モンゴルが好きだからこそ、そのありのままの姿を見つめ、時には苦言を呈することも厭わずにいたい。そうして、ずっとモンゴルと関わり続けていくことが自分の願い」――と語った。

＊ しゃがぁ：モンゴル語で羊のくるぶしの骨のこと。一頭の羊からは二つの「しゃがぁ」が取れる。故に、家に「しゃがぁ」がたくさんあるのは、羊をたくさん食べられる証であり、豊かさの象徴ともなる。モンゴルの遊牧民の子どもたちは、「しゃがぁ」を集め、おはじきとして遊ぶ。西村さんは、自分の活動が文化交流のくるぶし＝〝joint〟（接合部分）になるようにとの思いもこめて、センターをこう命名した。

タイ◆Thailand

●面積：51・4万㎢
●人口：6，550万人
●民族：大多数がタイ族。その他、中国系、マレー系、山岳少数民族など
●宗教：仏教95％、イスラム教5％

〝微笑みの国〟の人間模様あれこれ

日本の多くの企業がタイに生産拠点を持ち、赴任者やその家族を含めたタイの日本人人口は4万人以上といわれる。人件費の低さや外国企業を誘致するタイ政府のインセンティブ政策など、経営上の好条件がもたらした結果ではあるが、タイ人のやわらかい物腰や、国民の9割以上が仏教徒であるという精神風土の近さが、日本人にとってタイを「居心地のよい国」となさしめている面も多分にある。

1990年代半ばに4年間タイに留学したSさんは、バンコクにある国立チュラロンコン大学の文学部で修士号を取得。留学中の4年間を寮生の9割以上がタイ人という大学寮で過ごした。

タイで高等教育まで進めるのが同世代の約5％（当時）——という現実を思えば、経済的にも家庭的にも恵まれた子女たちの集まりであったが、寮はいわば〝小さなタイ社会〟。タイ人同士のつきあいの輪の中に入ることで、多くの発見をすることができた。

上下関係の理

「あなたは何歳？」……寮では芋づる式に人間関係が広がったが、相手は初対面で必ずといっていいほどこの質問をぶつけてくる。「失礼ですが……」と前置きしてくる人もあったが、いきなり年齢を聞かれることには戸惑いを覚えた。「女性に年齢を尋ねることが、この国では失礼ではないのかしら⁉」

正直に年齢を答えると、相手は「じゃあ、私よりお姉さんですね」とか「私の方が年上だわ」などと言って、どちらにしても安心したような表情を浮かべる。

こうしたやり取りを繰り返すうちに分かったが、タイでは、〝相手より自分の方が、年長か年少か〟〝目上か目下か〟という縦の関係が非常に重要で、それによって使う言葉が変わり、どちらが先にワイ（掌を合わせてする挨拶）をするかが決まってくるのだ。

ワイは、原則として年少者が年長者に先に行うもの（年長者はそれを受けて、後からワイを返す。

掌を合わせる位置は、胸元より顎、顎より鼻、鼻より額……と高くなればなるほど敬意を示すことができる。したがって、年少者のワイの方が、年長者のワイの位置よりも高くなる）。年齢の上下を無視して、年長者が年少者に先にワイをすることは、タイ人にとって避けたい事態であり、だからこそ、Sさんは初対面で年齢を尋ねられたのである。

タイ語については、年下から年上に話しかけるときには敬語を使い、年上が年下に話しかけるときは敬語の代わりに、相手を慈しむような情をこめた話し方をする。難しいのは敬語よりも、むしろ、教科書では学べない後者の方かもしれない。

ちなみに、相手への敬称は、日本の「様」「さん」に当たるものが〝クン〟である。例えば、田中さんなら〝クン・タナカ〟と呼びかける。ただし、近しい人間関係であれば、年齢の上下を反映させ、年下から年上に呼びかける場合は〝ピー＋名前（またはニックネーム）〟、年上から年下から呼びかける場合は、シンプルに名前（ニックネーム）だけか、あるいは〝ノーン＋名前／ニックネーム〟となる。

プラ・ティナン・アイサワン・ティッパート。アユタヤのバンパイン離宮の池水に建つ、納涼用宮殿。（撮影：佐藤惣一）

タイ社会においては、親－子、兄姉－弟妹、先生－生徒、先輩－後輩、上司－部下……といった縦糸の繋がりは非常に大切で、「ワイをするかしないか」「どちらが先にワイをするか」「相手に対してどう呼びかけるか」といった一つ一つの判断が、相手との関係性を決定づけることになる。Sさんによると「目上の相手に対して、ワイをし、ピー（～姉さん、～兄さん）やアジャーン（先生）と呼びかける……ただそのことで、自分がタイ社会の縦糸の中に包み込まれていくような感覚をもった」とのこと。

「それは、上下関係を意識しなければならない息苦しさといったたぐいのものではなく、むしろ、相手との関係において自分の居場所が定まったような安心感につながった」という。

だが、Sさんはこうも言う。「私は留学生だったから、それができたのかもしれません。会社の利益を背負っている日本人赴任者は、タイ人の交渉相手とは〝対等な〟関係でなければなりませんから、どんなにタイ語が使いこなせる人でも、ビジネスに〝ピー〟〝ノーン〟の関係性は持ち込みづらいものがあるでしょう」

ホンネとタテマエの人間模様

日本人は、本音と建前を使い分けるといわれるが、タイ人の使い分けは、日本人以上ではないかと思われるふしもある。

Sさんのいた寮は、2階以上が寮生の居室で、1階は風が通り抜けるピロティになっていた。6人ほどが掛けられる大きな机と長椅子のセットがたくさん置かれていて、そこはいつでも寮生の団らんの場であり、夜晩くまで宿題を持ち寄って取り組む場所でもあった。

ある夜、Sさんが何人かの親しい寮生と机を囲んでいると、その内の一人が「あっ、そうだ、果物があったわ」と自室に戻り、マンゴーをもってきて、人数分に切り分けてくれた。……と、彼女は左右のテーブルの学生に声をかけたのだ。「果物はいかがですか?」お皿の上には、明らかに自分たちのテーブルの分しかないのに?……すると左右のテーブルの人たちはにこやかに言った。「ありがとう。でも結構ですよ」

寮では炊事が禁じられていたので、夕食時になると、寮生同士が誘い合って「今日はどこの店に行く?」と近くの市場に出かけるのが常だった。顔ぶれは大抵一緒なのだが、いざ寮を出ようとした時に、1階のピロティで誰かが勉強していれば、必ず一声かける「ご飯食べに行かない?」……誘われた方もよくしたもので、相手が自分と親しい仲間ならば誘いに応じるが、そうでなければ「ありがとう。でも今お腹がいっぱいなので」とやんわり断る。

こうしたかけ合いは、ホンネではなく、むしろ相手への礼儀としての建前の会話だ。日本だったら、おそらくひとつしかない果物は、目立たないよう、自分たちでそっと切り分けて食べるであろうし、外食時も、元々誘う気のない（来るはずのない）人にあえて声をかけることもしないのではないか。無駄とも思えるこうしたやり取りが、タイ社会では「相手への思いやり」を示す潤滑油になっているのだということに、Sさんは気づいていった。

貧富の格差とタイの未来

タイの1980年代後半からの発展には目覚ましいものがあり、バンコクの街には近代的な高層オフィスやショッピングモールが次々に建設された。冷房が効きすぎるほどに効いたオフィスには、おしゃれな服装に身を包んだ女性やパリッとしたワイシャツ姿の男性が自家用車で通勤する。だが、そうしたビルから一歩外に出れば、歩道橋の下に、幼い子どもを抱いた母親や身体の不自由な人がほこりまみれになって座り、物乞いをしている光景がある。首都バンコクには、地方（特に経済的に遅れをとっている東北地方）からの出稼ぎ労働者も多い。

Sさんが寮生仲間と話していて感じたのは、タイ社会のこうした現実に対して、彼らの多くがあまり問題意識を抱かず、むしろ自分たちの恵まれた家庭環境を謳歌しているということだった。ふとした時に、貧困層の人たちに話が及ぶことがあったが、「あの人たちには〝学〟がないから」「教育がない人たちは〜だから」という言葉をなんども耳にした。「学がある・ない」……という尺度で相手を評するその姿勢に、「自分たちとは違う人種」とでも言いたげな距離感、優越感がにじんでいるように思われてショックだった。チュラロンコン大学という、タイの最高学府に通う学生たちの言葉だと思うと、なおさら残念な思いがした。

ところで、タイの仏教は、日本とは違う「上座部仏教（いわゆる小乗仏教）」で、出家し、厳しい戒律に従って生きる者だけが救いを得られるという考え方に則っている。在家者は寺や仏僧に寄進を行うことで功徳を積む（これを〝タンブン〟と言う）。上座部仏教では、女性は僧になることはできないため、タイでは男性が結婚前に短期間出家するのが伝統的な通過儀礼であり、それが（女性ゆえに出家できない）母への最大級の親孝行にもなる。

バンコクの水上マーケット。小舟の売り子が巧みに売り声を上げながら、運河を行き来している。（撮影：佐藤惣一）

タイ人には輪廻転生の概念があり、現世でどれだけタンブンできるかで、来世の自分が決まると考える傾向があるのだが、この考え方は、ある意味、厳しい現実を自らの努力で乗り越えようとする気力をそぐ結果にもなっているのでは——と見られている。

貧富の格差は構造的な問題であり、個人の努力で打開するには限界がある。そうした中で、仏教の「輪廻転生」観が、経済的に恵まれないタイ人の思いを現世よりも来世へと向けさせ、現実への不満が爆発するのを防いできた側面は否めない。

「タイの未来を考える上で、国の発展と貧富の格差是正をどう両立させるかという命題は常についてまわるはず。その命題に正面から取り組まないかぎり、昨今のタイの政情の混乱は一時的には収まっても、また繰り返されるでしょう」「タイ人は元来楽天的な気質で、様々な社会問題を抱えてもなお、人々は屈託なく明るい。タイ人の国民性を代弁するともいわれる〝マイペンライ〟(気にするな、大丈夫)という言葉の響きは個人的にはとても好きですが、こと社会の変革ともなれば、皆が〝気にし〟〝大丈夫ではない〟と思い定めることも必要なのかもしれません」

――Sさんは、タイの今後を慮るように、そう締めくくった。

ネパール◆Nepal

●面積：14・7万㎢
●人口：約3，000万人
●民族：リンブー、ライ、タマン、ネワール、グルン、マガル、タカリーなど
●宗教：ヒンドゥー教81％、仏教11％、イスラム教4％

道端の石ころにも神様が宿る

山脇幸子さんは日本の大学で英文学を学んだ後、2年間英国に留学し、修士課程で国際関係や開発問題を専攻した。

帰国後就職したが、「自分はまだ発展途上国というフィールドを肌で感じたことがない」という思いが脳裏を離れなかった。そんな1999年の年末、大阪のある国際NGOが主催する「ネパール国際ワークキャンプ（2週間）」に参加することを決めた。

主催団体のポリシーは、「押し付けの援助にならないようにすること」で、ネパール側から助力を請われた分野の中から、毎年1つを選び、資金を募り、年間通して目的達成のためにじっく

り準備をしている。年1回のワークキャンプは年間の事業の完成を見届ける集大成的な行事。山脇さんが参加した年は、「小学校の建設」がテーマで、参加者は建築の最後の工程に携わり、落成式を見守った。年によっては、水道のない村に水道管を引いたり、医師が常駐していない農村に、カトマンドゥの医師団を送り、健康診断キャンプを行ったりしている。

山脇幸子さん（国営老人ホームで奉仕活動をするシスターたちと）

ネパールの国土は日本の約4割（北海道の約1・8倍）で、その中に40以上の民族が住んでいる。ネパール語以外の言語を話すマイノリティーグループは多数あるが、その中でも、カトマンドゥ市を中心としたカトマンドゥ盆地には、中世に都市国家を築いたチベット・ビルマ系民族の〝ネワール人〟が今も多く住んでいる。ネワール人の全人口に占める割合は5％程度だが、民族意識が大変強く、独自の言語・ネワール語や伝統文化を熱心に守っている。

山脇さんたち一行を迎え入れたネパール側のメンバーもネワール人たちであった。

市街を歩くと、中世を思わせるような古い建物が、崩れかかりそうになりながら、ひしめき合って建っている。レンガと木からなる、それらの建物に目をこらすと、何ともいえない美しい彫刻が微細に施されていた。ネワール人が伝統的に高い建築・彫刻の技術をもっていることや、インド・アーリア系の住民がインドから移住してくる以前に、ネワール人がその都市国家を建設したことを知り、新鮮な感動を覚えたという。

山脇さんは、翌年のキャンプにも参加し、裏方のキャンプ準備についても学ぶようになる。そして、キャンプ初参加から3年の間に、都合5~6回はネパールに足を運んだ。

ネパールの高齢者問題

2002年には、神奈川県が県内に在住在勤する青年の国際経験を促進するプログラムに応募し、半年間ネパールに滞在する機会を得る。山脇さんは、思うところあって、自身のテーマを「ネパールの高齢者問題」と定めた。滞在中は、ワークキャンプでお世話になっていた日本人リーダーの紹介で、あるネワール人一家にホームステイさせてもらうことになった。

「ネパールの高齢者問題」と聞き、筆者は意外な印象を覚えた。ネパールの基盤は農村社会であり、多くの高齢者は大家族の中で、尊敬・尊重されながら暮らしているのではという先入観があったからである。

しかし、山脇さんによると、賃金労働を求めて家族全員で都市に移り住む人々が年々増えてきており、都市化と過疎化の波は、ネパールにも確実に押し寄せてきているとのこと。農村にいれば、近隣とのネットワークも強く、高齢者が孤独感を抱くことはない。しかし、一旦都会に出れば、若夫婦は日中働きに、子どもは学校に行き、高齢者が一人家に取り残されることが多くなる。

貧困は、農村にあっても深刻な問題だが、都市においてはより憂えるべき状況をもたらす。高齢者が自分の存在が家族にとって重荷なのではと考え、いたたまれなくなり、自ら家を出て、物乞いになるケースもあるという。国の貧困政策も外国からの援助も、どちらかというと「女性・子ども」に向きやすく、高齢者の問題はあまり認知されていない。

そんな状況もあって、山脇さんが現地で高齢者に関するデータを収集するのは困難を極めた。何とか実情を知りたいという思いで調べているうちに、カトマンドゥ市内に、ネパールで唯一の国営老人ホームがあることを知る。マザー・テレサの遺志を継ぐミッショナリー（本部はインドのカルカッタ）が長年奉仕活動をしているのがわかり、山脇さんもボランティアとして受け入れてもらいたいと願い出た。以来、午前中は毎日ホームに通って、シスターたちと共に、掃除、洗濯、入浴、食事などを手伝い、高齢者介護を巡る状況を実体験した。

奉仕活動を通じて実感したのは、「伝統的に〝親の面倒は子が看るもの〟と考えられているネパールでは、高齢者の問題に社会全体で取り組もうとする発想が起こりにくく、老人ホームのような施設は敬遠されがち」ということだ。家族と一緒に暮らしながら、日中の時間を外で同世代の仲間と過ごす、デイケア・センターも若干出来てきているが、こうしたセンターに行くことができるのは、ある程度生活にゆとりがあり、体力的にもひとりで通える人に限られている。「高齢社会の先輩として、日本にはどんなことができるのか。それは、インフラの問題だけでなく、文化や思想、宗教観まで関わってくる難しい問題」と考えさせられた。

濃密な人間関係

ネパールでは、概して人間関係が日本より濃密である。ご近所同士、友だち同士……どんな間柄でも直接会って話すのが基本だ。

親しくなったら「うちでお茶でも飲んでいって」と声をかけ合うのが普通で、朝7時くらいから来客があることも珍しくない。都市化が進んだとはいえ、日本の都市部のような、〝アパートの隣の住人が誰か知らない〟といった状況は、ネパールでは考えられない。たいへん人懐っこく、人助けが好きなので、

ネパール最大のヒンドゥー教寺院「パシュパティナート」（撮影：山脇幸子）

困っている人やその土地に不案内な旅行者には、自然体で手を差しのべる。

ネパール人は、ヒンズー教徒8割、仏教徒が1割、イスラム教徒が4％弱という構成。ヒンズー教は多神教で、人間の数より神様の数の方が多いといわれるほどなのだが、ちょっとしたものにも神様が宿るとされる。例えば、道路に穴がポッコリ空いていて、穴の中を覗いてみると赤い印のついた石が……という場所にも頻繁に遭遇する。昔から神様が宿っていると信じられてきた石で、道路を敷設する際も、そこを覆うようなことはしなかったのだ。

また、「輪廻転生」の考えも根強く、カーストが低い身分に生まれた者は、前世の行いが悪かったためと、あきらめの境地に至ることもある。「様々な条件、制約はあるにせよ、自身の努力によって、未来を切り拓いていくことができる日本人との違いを思う」と山脇さん。「ある意味達観しているからなのか、彼らは、人生を大きな時間の流れに委ね、ゆったりとした心持ちで過ごしているように見える」と話す。

ラオス◆Laos

●面積：24万㎢
●人口：626万人
●民族：ラオ族（全人口の約半数以上）を含む計49民族
●宗教：仏教

血縁を超えた「家族」の意識

Yさんが、ラオスの首都ビエンチャンに着任したのは2005年であった。日本政府は「市場経済移行国」（中央計画経済体制から、市場経済体制への移行期にある国）の援助を進めており、東南アジア圏では、現在、ラオス、カンボジア、ベトナムがその対象国となっている。Yさんは、この援助政策の下、JICA（国際協力機構）の専門家として派遣され、3年間教育関係のプロジェクトに携わった。

ビエンチャンには、国民人口の1割にあたる約60万人が住む。主だった都市としてパクセ、サヴァンナケット、ルアンプラバンなどがあるが、首都も含め、どの都市も規模は小さい。国民の暮らしは決して豊かとはいえない。貧困に由来して、乳児死亡率が高く、平均寿命は65歳（２０１０年）である。家庭の日常食も大変質素だが、「貧しい」ながらも、自給自足的な暮らしが機能しているため、飢饉が起こることはない。

ラオス社会における「家族」

ラオスでは、暮らし向きが厳しい分、家族のつながりが強く、助け合いの精神が顕著である。ここでいう「家族」の概念はとても広い。祖父母、両親、子といった直系のつながりのみならず、伯父（叔父）、伯母（叔母）、従兄弟などが大家族として、一つ屋根の下で暮らすことは珍しくない。Yさんは、同僚のラオス人に「あなたのご家族は何人？」と尋ね、「多分11人」という答えが返ってきて面食らったことがあるという。

「家族」の範疇は、ときには、血縁によらない関係にまで広がる。Yさんのカウンターパートだったラオス人男性A氏には、大学教授の夫人がいるが、そのA氏がある時、Yさんに「僕には結婚する前から娘がいたんですよ」と話してくれたという。A氏と夫人は互いに初婚同士。では、

パトゥーサイ（凱旋門）：パリの凱旋門を模して作られた。下から見上げた天井にはラオスの典型的なモチーフ、神々や３頭の像などのレリーフがある。（撮影：大河原友子）

なぜ結婚前から娘がいたのか？

A氏の故郷の村で、ある貧しい夫婦のもとに娘が生まれたが、養いきれないことが目に見えていた。そこで村長が、その娘を将来有望なA青年に託した。当時学生だったA氏は、赤子の内からその娘を引き取って学業を続けながら育て、十数年後にその娘が結婚するまで、養親としての役目を果たし続けた。A夫人も、婚約時にその事情を諒解し、結婚したその日から、養女の母親となって共に育てた。

結婚後ではなく、独身時代に養子を迎えるのは稀有な話と思われるが、ラオスでは決して珍しいことではない。ラオス人には「持てる者が、持たざる者を助けるのは当然」という通念があり、A氏も、ごく自然に養父の役割を引き受けたのである。

和を重んじる精神

ラオス人は「家族間」のみならず、他者との関係において、和を重んじ、自我を抑える傾向がある。大家族での暮らしの中では、自分を中心にものを考えることはできず、常に他の家族と折り合っていかねばならない。また、他者を助けるのであれば、自分の時間や自由をうんぬんしてはいられない。

「このような環境で育つゆえか、ラオス人はとにかく争いごとを好まない」とYさん。例えば、職場でなにがしかの不満や要望があっても、それを口にすることはしない。伝えられない思いは蓄積されて一気に噴出するわけでなく、伝えないことで当人にストレスがたまるわけでもない。

しかし、何のサインもない中で、突然、退職を切り出されることもある。一言言ってくれれば、意見を取り入れて修正する余地もあったのにと思うものの、それができないのがラオス人の気質のようである。他者と波風を立てずに生きるための知恵といえば、そうなのであろうが、Yさんはラオス人スタッフの真意を読み取れずに困惑することも多かった。

世界には、何事につけ、言葉で意思表示し、交渉・議論して物事を決めていく国もある。日本人がそういう国に赴任すると、当初は〝主張すること、主張されること〟に慣れず、疲れを覚えるというが、ラオスではその対極の悩みを体験することになりそうだ。

バーシーの儀式

Yさんが日本に帰任する日が近づくと、ラオス人の同僚が送別会を開いてくれた。送別会では、ラオスの伝統的な儀式「バーシー」が執り行われた。バーシーは、ラオスの民間信仰に則ったものので、祭司は（仏僧などの聖職者ではなく）その心得のある一般人が務める。結婚式や出産などの人生の節目や歓迎・送別会の折、皆が心を一つにして、幸福や繁栄を願う儀式である。写真を見ると、花で飾られた中心の祭壇から白い糸がたくさん伸びているのがわかる。この白い糸を参加者各人が1本1本両掌の間に挟んで、祭司の祝詞に合わせて祈る。祝詞が終わると白い糸を祭壇から外し、皆がはなむけの言葉を贈りながら、Yさんの手首にお守りとして巻いてくれた。祭壇から伸びるたくさんの糸、そして糸を通じて、つながっている同僚と自分——Yさんには、バーシーの儀式が、他者とのつながりを重んじて暮らすラオス人の生きざまを象徴しているかに思えた。

バーシー風景

Yさんに、ラオス人と人間関係を築く際に心がけたことを尋ねてみると、「どこの国に行ってもそうだが、その国の人と一緒に過ごすこと。招かれる機会があったら、臆せずにどんどん入っていくこと」という答えが返ってきた。

「ラオスでは、宴会には踊りがつきもの。宴もたけなわとなれば、必ずといっていいほど踊りの輪ができ、皆が心ゆくまで踊る。そんな時は、見よう見まねでラオス人と一緒に踊る楽しみを共有すればよい。言葉ができなくても、恥ずかしがらずに一緒に踊れば、自然に輪に溶け込むことができるでしょう」

ラオスには「シン」と呼ばれる、伝統的な長い巻きスカートがある。今や日常着は、ジーンズなど動きやすい格好に取って代わられているものの、女子学生や女性公務員は登校時や出勤時にシンをはく決まりがある。シンには美しく刺繍が施され、それぞれの世代や社会的地位にふさわしい様々な柄目がある。彼女たちは、通勤・通学用のシンのほかに晴れ着のシンも持っており、TPOに合わせておしゃれを楽しむ。「女性は、晴れの場にはいていくシンを何着か誂えておくと、様々な行事に参加する際、役立ちます。シン姿で踊りの輪に加われば、現地の人たちとの距離もより縮まるでしょう」とYさんはいう。

家族を核とし、その延長に縁ある人々が連なり、網の目のように繋がり合って互助の関係を築いているラオス社会。信頼関係が培われれば、外国人であろうと、やはり〝大きな家族〟の一員として彼らの懐に受け入れられる。

カンボジア◆Cambodia

●面積：18・1万㎢
●人口：1,340万人
●民族：カンボジア人（クメール人）90%
●宗教：仏教

発展の礎となる帰国留学生たち

カンボジアの首都、プノンペン出身のエアン・リーナさんは、カンボジア政府の国費留学生に選ばれて2002年に来日した。東京外国語大学で日本語学習をゼロからスタートさせ、猛勉強の末、翌年には東京大学教養学部に入学。さらに同大学大学院修士課程（経済学専攻）に進んだ。

苛酷な歴史を生き抜いた家族史

エアンさんの両親は、ポル・ポト政権下（1975年4月17日～1979年1月7日）、全都市民を強制的に農村に送る政策によりプノンペンを離れることを余儀なくされた。父は二十代、母は十代の若さだった。待っていたのは共同農場での労働。百万人とも2百万人とも言われる国民が犠牲になったポル・ポト政権時代、知識人は特に敵視され、学校教育も完全に停止した。

この時代、母は悲しいことに実母（エアンさんの祖母）と生き別れ、弟を食中毒で失ってしまう。ベトナムの侵攻によって、ポル・ポト政権が崩壊し、ヘン・サムリン政権によるカンボジア再建が始まると、母は兄姉と共にプノンペンに戻り、大家族で励まし合いながら再起を図った。エアンさんの母は末娘だったため、先に結婚した兄姉の子どもたちの面倒を任されることになり、改めて学校教育を受ける機会は巡ってこなかった。

エアンさんの両親は、その後プノンペンで出会い、1980年代前半に結婚。エアンさんと妹の二女を授かると、十分な学校教育を受けられなかった自分たちの夢を託すかのように、娘たちの勉強を熱心にバックアップした。当時、道路・電気・水道といったインフラはまだ不十分で、エアンさんの通学期も、中学3年までは校舎に電気が引かれていなかった。学校は午前7～11時と午後1～5時までの二部制で、午前・午後の登校のシフトは月ごとに入れ替わる。午後の部を5時に終えると、今度は希望者のための課外授業（学費は別途必要）があり、それが夜7時まで続く。真っ暗な校舎で授業を受けるため、1人が1本ずつろうそくを持参して机に立て、先生を囲むように座って授業を受けたという。

こうした努力が実り、学校では常に優等生だったエアンさん。いつしか「高校卒業後は海外に留学しよう」という思いが膨らんだ。留学先としては、日本のほかに、ベトナム、中国、ロシアといった社会主義国が選択肢にあったが、「第二次世界大戦の敗戦後、わずか数十年で世界の経済大国に変身した日本の素晴らしい教育システム、優れた技術・社会制度を学びたい」と日本を選んだ。

「来日してからは、語学面で苦労し、今までは常に一番だった自分が、初めて逆の立場を味わった。でも、東大の学友たちは優しかった。手を差しのべ、〝共に助け合おう〟という姿勢で接してくれたのが、何より嬉しかった」と語る。

エアン・リーナさん：シェムリアップ国立公園・プノンクレン（滝）にて。プノンクレンは、シェムリアップ州の中心部から北方約48キロに位置する観光地。

エアンさんは、留学中、在日カンボジア留学生協会の司会通訳や、日本国際協力センターの青年交流プログラム（カンボジア高校生の訪日）のコーディネーターを務め、日本アセアンセンター主催のカンボジアへの投資視察ミッションにも通訳として同行した。さらに、財団法人国際教育映像協会の「留学生が先生！」教育プログラムの講師として、関東圏の小中高校に出講するなど、学業以外でも活動の幅を広げた。

「日本の教育環境は本当に恵まれている。でもそのことに子どもたち自身は気づいていない。カンボジアでは、今でも生活を支えるために学校に行くことのできない子どもたちが多い。私は、自分が勉強をさせてもらえる環境に生まれたことを運命だと思い、与えられたチャンスを無にしないよう心に刻んでいる」と表情を引き締める。

カンボジア人の日本への思い

エアンさんは言う。「カンボジア人は、日本人にとても親近感をもっている。日本は対カンボジアのODAで、№1の国。道路や橋など、日本の援助で造られたものについては、地元の人は皆それを知り、感謝している。例えば、今まで川を隔てて行き来が困難で、交通手段は渡し舟しかなかったような場所に橋が架けられると、両岸の町が結ばれ、車でも移動できるようになる。こうしたインフラの整備が、人々の暮らしに与える影響は計り知れない」。そして、「カンボジア人の日本に対する思いを考えると、日本にとってカンボジアは、まだまだ〝近くて遠い国〟ではないでしょうか」と言葉を添えた。

日本での戸惑い

日本でのカンボジアの報道のされ方には、違和感を覚えるという。世界遺産・アンコールワットは観光資源として着目されているが、ことカンボジア社会の話題となると、地雷除去の話、井戸を掘るために日本からカンボジアに渡っている青年の話など、内戦の痛手と貧困の状況が報道されることが多い。

アンコールワット：12世紀前半にヒンドゥー教寺院として建立された。敷地全体が、東西1500m、南北1300m、幅200m の堀で囲まれている。1992年にアンコール遺跡として世界遺産に登録。（撮影：エアン・リーナ）

「発展しつつある都市部の姿や、活気ある人々の暮らしぶりなどにも、ぜひ目を向けてほしい。今から5年後のカンボジアの姿は、大分変わってきているはず」

カンボジア政府派遣の留学生には、国費留学生によくある「卒業後は必ず国に帰らねばならない」という制約はないそうだ。学位を得たら、そのまま留学先に残るという道もあるのに、海外留学生はそのほとんどがカンボジアに帰るという。それだけ、母国や家族への愛着と自分たちの学識を母国の発展のために活かしたいという思いが強いのであろう。エアンさんは、日本で出会った同郷の国費留学生と結婚。夫は一足先にカンボジアに帰国した（エアンさんも、本インタビューの2年後、修士課程を終え、帰国した）。

「カンボジア人は、自分を大事にし、そして家族を大事にします。結婚したら、自分の親を大事に思うように、夫の両親を大事に思います。そして夫も同じように考えてくれます。日本で〝嫁姑〟など、家族の問題が取り沙汰されるのを見るにつけ、どうしてそういうことが起こるのか、私には不思議に思えてなりません」とエアンさん。帰国後は、家族という一番大切なものを守りながら、夫婦それぞれの専門をカンボジアの未来のために活かしていることであろう。

ベトナム◆Vietnam

●面積：33万㎢
●人口：8，700万人
●民族：キン族（越人）約86％、他に53の少数民族
●宗教：仏教、カトリック、カオダイ教

伝統と家族を重んじるベトナム社会

グエン・ティ・ミン・タオさんは、ベトナムの古都フエ出身で、1997年に来日し、ベトナム語の通訳・翻訳家として活躍している。来日以前は、フエ大学院師範大学の外国語科に学び、在学中に、狭き門をくぐってロシアのゴメル国家総合大学に国費留学した。卒業後は、さらにフエ大学院附属の日越文化協会による〝南学日本語クラス〟で2年間の課程を修了。日系企業で社長の秘書兼通訳として勤務した経験もある。

グエンさんの両親は共にベトナム文学者で、故事に明るく、家庭内でも古式ゆかしい教育方針が徹底していたという。父親は1953年に中部のフエを離れ、2年の予定でハノイの大学に進

学したが、翌1954年のジュネーブ協定による南北の分断と、続く内戦のため、帰郷できなくなってしまった。ハノイで結婚し、グエンさんら4人の子どもをもうけたが、家庭内では、フエ語を話し、フエの料理、慣習で暮らしを営んだ。グエンさん一家がフエに帰還できたのは1975年――父親が進学のために故郷を離れてから実に21年後のことであった。

フエは1802年から1945年まで、13代続いた阮朝（グエン王朝）の都で、現在は旧王宮や寺院、歴代の皇帝廟などが往時を偲ばせている。宮廷料理の伝統を継承し、見て美しく、味わっておいしいフエの料理も有名だ。二大都市ホーチミン、ハノイの生活とは違い、時間が静かにたゆたっているような感覚が、この町の魅力――とグエンさんは語る。

ベトナム人の価値観

「ベトナム人と日本人は価値観が似ており、例えば、〝直接的にものを言わない〟〝怒りを極力顔に出さないようにする〟〝礼儀正しい〟〝自慢しない（謙遜の美徳）〟〝年長者を敬う〟などといった点では日本に近いものを感じる」とグエンさん。しかし、こと家族関係については日本以上に儒教的な精神が浸透しているようだ。

主婦は早朝から市場に行き、新鮮な野菜を仕入れて朝食の支度をする。そしてどんなに忙しくても、家族全員で食卓を囲み、一日を始める。夕方も必ず全員が揃ってから食事をする。父親が箸をつけるまでは、全員が箸を取らずに待つ。

　共働きの場合、家事労働者を雇うこともあるが、買い物や下ごしらえまではしても、最後の調理には手を出さず、そこは必ず主婦の仕事となる。家庭がしっかり築けていないと、男女問わず、信頼されないのがベトナム社会で、特に女性は、家庭がきちんと切り盛りできていなければ、どんなに地位が高くても認められることはないという。

フエの旧王宮（撮影：グエン・ティ・ミン・タオ）

　グエンさんは姉2人、兄1人をもつ末っ子である。母も姉2人も料理の腕はかなりのもので、子どもの頃、台所で料理を習いたくて仕方がなくても、なかなか出る幕がなく、野菜洗いや盛り付けなどしか手伝わせてもらえなかったとのこと。本格的に取り組み始めたのは、留学して故郷の味が恋しくなってから。それからは異郷の地で、代用できる食材を見つけたり、味を工夫したりして精進し、今では本業以外にも、料理教室を開催したり、ベトナムの食文化について講演活動を行うまでになった。

上に立つ者は、父親のような「威厳」と「懐の深さ」を

ベトナムの家族的な風土は会社の組織にも反映される。日本では、個人的に親しくなった同僚などに話す以外は、プライベートな話題や問題を職場に持ち込まないのが普通である。しかし、ベトナムでは、部下が上司や社長に、自身や身内の問題を相談することは決して珍しくない。日系企業で、日本人の社長がベトナム人社員に相談を持ちかけられることも大いにありうる。

「部下に一生懸命頑張ってほしいならば、家族のように接することが大切。〝責任をもてないから〟〝個人的な問題に首を突っ込みたくないから〟と関与を避けたがるのが日本人だが、そこはベトナム式に話を聞いてあげたいもの。問題そのものを解決できずとも、耳を傾け、共感してあげるだけでもよい。親身になってもらえたと感じれば、ベトナム人は、その日本人社長に恩を感じ、たとえ他社から高い報酬でヘッドハンティングされても、転職は考えずに忠義を尽くすでしょう」

――グエンさんは、日系企業に勤めた経験を踏まえ、そうアドバイスする。

グエン・ティ・ミン・タオさん

さらに言えば、ベトナムでは、組織の長は、家庭における父親同

様、常に威厳を保っていなければならない。日本では、高い役職にある人物が宴会などで多少羽目を外しても、〝人間らしい一面が垣間見れた〟と言われるくらいで済むかもしれないが、同じことをベトナムですれば、部下の信望を失うと覚悟しておこう。

〝孝〟〝忠〟〝義〟を柱に、厳しい躾を受けて育ったというグエンさん。抗しがたい歴史の荒波を受け、故郷に20年以上も戻れなかった父親が、逆境の中で自らを支えたのは、フエの伝統に拠って生きる安堵と、家族の絆であったのであろう。

今、ふるさとを離れて暮らしているグエンさんからも、ベトナム人としての意識と誇りが奥ゆかしく薫ってくる。ことさらに主張しなくても、個々人の中に息づいているのが本当の伝統なのではないか、そしてそれを醸成・継承していくのが、家庭という単位なのでは――グエンさんに接し、そんな当然の理に思い至った。

韓国◆Korea

●面積：10万㎢
●人口：5，000万人
●民族：韓民族
●宗教：仏教、プロテスタント、カトリックなど

韓国社会に今も息づく儒教的規範

古田富建さんは韓国の歴史・思想・宗教を専門とする若手研究者である。古田さんの韓国との出会いは13歳の時。父親の仕事の関係で、一家で渡韓した際、両親の教育方針から、日本人学校ではなく、韓国の現地校で中学・高校時代を過ごした。その後帰国して、東京外国語大学で朝鮮語を専攻し、さらに東京大学大学院人文社会系研究科博士課程を満期取得退学した。現在は、帝塚山学院大学リベラルアーツ学部で准教授を務める。

7年間のソウル滞在中には、韓国語を学びきわめ、韓国の人たちと同じ土俵で渡り合えるようになったことから、さほどの精神的ストレスはなかったという。むしろ、日本に帰国した際の

「逆カルチャーショック」の方が強烈で、韓国と日本の違いを痛感させられた。

人間関係の距離感

古田さんによれば、その違いで最たるものは、「人間関係の築き方」だ。一言で言えば、人と人の距離が近いのが韓国。

日本では「親しき中にも礼儀あり」という言葉にもみられるように、仲のよい友人同士であっても、互いの心の中には「土足で入り込まない」よう慮ることが多い。しかし、韓国においては、仲間や家族といった〝in group〟では、プライバシーが存在しないといっても過言ではなく、互いに甘え合い、迷惑をかけ合えること、そして喧嘩ができることが親しさの証といった考え方が根強い。喧嘩をしてもそれを引きずらず、次に会うときには、何事もなかったかのようにケロッとしているのが友情のかたちなのである。

古田富建さん（漢江のほとりで）

韓国においては、遠慮することも、人間関係が傷つくことを恐れて、はっきり言わずにお茶を濁すことも決して美徳ではなく、そうした配慮のできる人間が概して「人格者」と評価される日本とは異なる。「韓国社会では、日本に比べ、自分の世界（＝精神的・物理的なパーソナルスペース）が狭い」のだ。

儒教の影響

韓国では、儒教的な考え方が道徳規範の基として依然強い影響力をもっている。古田さんは韓国の学校に就学していたとき、中学の道徳の授業と、高校の倫理の授業で儒教の「五倫」を幾度となく習った。

五倫とは、①君臣有義　②父子有親　③夫婦有別　④長幼有序　⑤朋信有信のこと。「主君にはよく仕え、親子は互いに慈しみ合い、夫婦は互いに守る道があり、長幼の序を重んじ、友は互いに誠実であれ」というのがその主旨である。

ソウルの南大門市場の風景（撮影：古田富建）

同じ儒教の影響を受けた日本ではあるが、こうした儒教のエッセンスが教育の現場で受け継がれてはいない。現代の韓国では、（良い悪いの判断はさておき）そうした従来の価値観にとらわれない新しい世代の存在も無視し得ないものとなってきているが、社会の根幹に儒教という精神基盤があり、そこに人間関係の縦糸（上下関係）と横糸（友人関係）が織りなされているのは間違いない。ビジネス社会にも、儒教的伝統は反映されている。

例えば、(1)上司に対しては、必ず〝姓＋課長〟などと役職で呼ぶ。(2)会議中、上司の発言が間違っているとわかってもその場で指摘はできない。会議後に個人的に具申もしづらい。(3)会社間の取引では、相手企業の交渉役と同等の職位の者が窓口にならないと事が進まない。――など上下関係や縦の意識の厳格さは今日にも生きている。

〝韓流〟

昨今、日本と韓国の文化交流、特に音楽や映画などエンターテイメント分野での交流には目覚ましいものがある。今や〝韓流〟という一分野が確立され、韓国のドラマが次々にテレビで放映されている。韓国ドラマでは、男女間の恋情や、友情、親子の間の思いや葛藤が、よりシンプルに、ストレートに、ある意味「生々しい」形で描かれている印象をもつが、古田さんも、日本で韓国ドラマがヒットするのは、そこに垣間見られる人間関係の濃さや、〝下町的人情〟といったものが、日本人視聴者の心を打つからではないか――とみている。日本にかつて存在し、いまや失われつつあるものへのノスタルジーであろうか。

中国◆China

●面積：約９６０万㎢
●人口：約13億人
●民族：漢民族（全体の92％）、55の少数民族
●宗教：仏教・イスラム教・キリスト教など

中国では結果を急がず、気持ちを長く

沖國鎮《くにやす》さんはこれまで30年以上にわたり対中国ビジネスに携わってきた。第一電工在職時には、青島で現地法人立ち上げの指揮をとった経歴をもつ。退職後は北京、唐山、上海、大連等の現地企業の顧問となり、２００４年から欒河国際投資発展控股有限公司のＣＥＯも務める。

中国人の対日感情

近年、マスコミを通じて報道される中国人の対日感情は決して好ましいものではない。しかし、沖さんによれば、一般の国民は反日的ではなく、むしろ〝親日化〟の傾向が見受けられるという。

ビジネス、留学、旅行等様々なレベルでの交流が進み、人と人が直接出会うチャンスが増えたことも一因であろう。

今日の日本産業界では、対中国ビジネスの伸びが著しいが、現地企業との合弁を望みながらも、交渉が頓挫・破綻するような事例も多い。沖さんは、日本人が犯し易い失敗についてこう指摘する。

中国での会食風景（写真右端が沖國鎮さん）

第1に、日本人は結果を急ぎすぎるきらいがある。これは交渉事のみならず、中国で社員教育をする際も同様だが、焦らず怒らず根気よく、言葉を吟味して対応することが大切だ。一旦短気を露呈してしまうと、その人の人物評は一気に落ちてしまう。しかも、相手は失望を表情や態度に出さないので、そのことに気づかない日本人が多い。
第2に、中国人は相手が信用できるかどうか、まず「人物」を見る。しかし、交渉に臨む日本人は、得てして自社の「輝かしい」歴史や日本でのパフォーマンスを胸張って語りたがる。会社を信用してもらいたいがためについ肩に力が入ってしまうのであろう。相手方の中国人はそうした自社宣伝的なプレゼンテーションを黙って聞いてはいるが、内心快く思っていないはずで、次の交渉テーブルが設けられない可能性が大である。

第3に、日本人は持ち上げられることに弱く、宴会で上座に座らされ、美辞麗句を浴びると、つい気持ちが大きくなって、じっくり契約の内容を検討することなく、交渉をまとめてしまいがちだ。契約書には必ず穴があるはずなので、様々な事態を想定して、一つ一つ確認作業を行うことが必要である。例えば、工場を設立する契約の中で、電力や水道の安定供給の問題が見過ごされ、稼動後に停電に遭い被害を受ける例も実際に数多くある。

上海の夜景：奥が「環球金融中心」手前が「金茂大厦」（撮影：清水孝）

宴会の重要性

中国のビジネスは宴会に始まり、宴会に終わると言っても過言ではない。日本からの出張者は昼間の打ち合わせの後で宴席に招かれるが、ホスト側の挨拶と乾杯の後、答礼の乾杯者として暗黙の内に一言求められる。そこで、相手方に配慮したスピーチができるか否かがまず印象の分かれ目となる。

食事中のマナーや仕草もさりげなく観察されている。箸の上げ下ろし、お酒・煙草の勧め方や勧められた時の受け方・辞退の仕方など、細かい一挙手一投足にも気を配りたい。また、お酒の席は無礼講……といった認識は捨て、「飲んで乱れない」「威張らない」そして「無駄口を叩かない」よう注意しよう。自社について言及するのであれば、事実として淡々と語ることに徹する。そして、目線はあくまでまっすぐと。上から見下ろすような目線や、逆にへりくだって見上げるような目線は避けよう。

話題選びに関しては、政治向きの話はしないよう気をつけたい。沖さんの経験上、中国で歓迎されるトピックスの代表は、「三国志」「中国の食文化」そして「名所旧跡（兵馬俑、万里の長城など）」である。

ビジネス交渉における注意点

交渉時、中国側は、最初は実務レベルの人が交渉にあたり、前に進めるべきと判断すれば、上長にバトンタッチし、最終的にトップが登場する――という段階を踏む。そうして手間をかける中で、契約内容を検討する時間を稼いでいるのだが、沖さんによれば、日本側は最初からトップが前面に出るケースが多いという。

最終決定権のある者がいきなり出て行ってしまえば、長丁場となる交渉の端緒で、出すべきカードが尽きてしまうようなもの。日本側も中国式交渉術を会得し、「根気よく」「細心の注意で」交渉にあたることが重要であろう。交渉担当者が何事につけ「本社にお伺い」を立てるのも好ましくない。これは現地法人のマネジメントにも通じることで、現地で決定できる人を責任者の任に置くことが肝要である。

最後に沖さんは、自らのポリシーをこう語った。「中国人を好きになること」「中国本土を好きになること」「中国人と同じ生活習慣、食習慣」そして「穏やかな心」。長年にわたり、幾多のハードルを越えてきた沖さんだけに、重みのある言葉である。目先の利にとらわれず、気長に相手との関係を築いていこうとする姿勢、早急に結果を求めようとせず、時間をかけ、誠意を尽くして接することの大切さを思う。

インドネシア◆Indonesia

●面積：約190万㎢
●人口：約2・4億人
●民族：大半がマレー系（約300の民族、全人口の半数がジャワ族）
●宗教：イスラム教（88％）、キリスト教、ヒンドゥー教など

人前で怒りを見せることを嫌うジャワの人びと

木立や起伏に富んだのどかな田野、広がる茶畑……椰子の木がなければ、日本の山野に見紛いそうになるのが、ジャワ島の典型的な風景である。

インドネシアの人口は2億4千万人で、世界第4位。アセアン人口の4割を占める。国土もまたアセアン諸国面積の4割強で、東西5千㎞にも及ぶ。スマトラ島の西側はインド洋に面し、一方東の国境の経度は東京よりも若干東という広がりだ。

「様々な文化を包含するこの国を一括りに語ることは難しい。スマトラでは欧米並みに、はっきりとした意思表示をするが、ジャワでは決してＮＯを言わず、温厚でめったに怒りを見せない、

といった違いがある」――そう語るのは、1993年から4年間、ジャカルタ駐在を経験している木幡幸弘さん。木幡さんは公認会計士として監査法人トーマツのジャカルタ事務所に赴任した。

角突き合わせず、穏やかに……

木幡さんがロンボク島（バリ島の東隣）で休暇を過ごすため、中継地のスラバヤで乗換えの飛行機を待っていた時のこと。パイロットが体調不良のため飛行機が出せないというアナウンスが流れた。1日1便の運航である。乗客のほとんどはインドネシア人で、「明朝ロンボクで仕事が……」「私は親戚の結婚式があって」といったぼやきが聞こえてくる。しかし、待ち時間の間、怒りや焦りを顔に出したり、空港や航空会社の係員に詰め寄ったりする者は一人としていなかった。結局、飛行機は欠航となり、乗客は航空会社の手配したホテルに宿泊、翌日何事もなかったかのようにロンボク行きの飛行機が発った。ジャワ人の温順さを実感した出来事であった。

インドネシア人口の約半数にあたる1億2千万人はジャワ島に集中している。その人口密度は日本の3倍ほど（日本：約340人／㎢　ジャワ島：約1千人／㎢）。角突き合わせず、極力摩擦を避けようとする性向は、こうした環境の中で育まれてきたものではないかと木幡さんはみる。

実際に、ジャワ社会では「人前で怒る＝礼儀がない」とみられる。木幡さんが滞在した4年間に街中でもめ事を目撃したことは3度しかない。たまたまジャカルタから上海に出張する機会があり、1日に3回喧嘩の現場に出くわしたときには、あまりの風土の違いに思わず苦笑してしまったという。

鉄道から見える風景

駐在中の日常生活の足は車だったが、道路を走って見える風景は街の「表の顔」である。店にせよ、ビルにせよ、家屋にせよ、普通は正面を道路に向けて構えている。そこで、木幡さんは時折、電車での移動に切り替えてみた。線路は大抵道路の裏手を通っているので、車窓から目に飛び込んでくるのは、道路とはうってかわって、生活感あふれる風景だ。長距離列車に乗れば、畑→こんもりした森→畑→こんもりした森……と順に続き、森の中には必ず村がある。

21世紀に入って「上昇志向」が顕著に

インドネシアでは1980年代後半、他の東南アジア諸国同様にNHKの「おしん」が放映された。苦労を重ね、逆境に耐

木幡幸弘さん（ジャカルタの港の小舟の上で）

えながら精進する主人公の姿が共感を呼んだという。元々インドネシア社会では、出自や生まれ育った環境が、進学や就職にあたっての決定的な条件や制約になるわけではないので、努力すれば道が開かれる土台は十分にある。しかし、個々の向上意識は薄く、それが全体として国力アップにブレーキをかけてきたことは否めない。

駐在中、木幡さんは日系企業から、インドネシア人の経理担当者の採用面接に立ち会うよう要請されることもあった。ある時、「国立X大学会計学科卒業後、Y社で○年経理を担当し」といった申し分のない経歴の持ち主を面接することになったので、失礼とは思いつつも、経理の初歩的な質問を向けてみると、正解が返ってこず、大変驚いたものだった。

日本に帰国後数年して独立し、現在は自ら会計士事務所を経営しているが、インドネシアでの事業運営にアドバイスを求められることも多く、インドネシア関係の情報は常にアップデイトしている。2003年にはBATIC(Bookkeeping and Accounting Test for International Communication)と呼ばれる国際会計検定試験をインドネシアに導入するプロジェクトに参加し、インドネシア人に対してBATICを試験的に実施した。BATICの上級レベルの試験を国立大学の会計学科の学生たちが受験、下のレベルの試験を職業高校の会計専攻の生徒たちが受験したところ、英語で問題を読み解くというハンディを乗り越え、概ねよい成績をおさめたという。

数年前の面接試験のシーンを思い出し、インドネシア社会の空気の変化を感じた。

「1980年代終盤から1996年まで、インドネシアは外国企業の進出により、輸出が伸び、高度経済成長時代を経験した。それが、だまっていても成長できるような錯覚と、一種の〝傲慢さ〟を生むことにもつながった。しかし、1997年から始まった経済危機によって、個々のレベルでも、国のレベルでも、努力の必要性が痛感され始めたのではと思われる。会計専攻の学生という一分野に限っても、意識に変化がみられたのは注目に値する。実学が重視されるようになった世相を反映しているのではないだろうか」――木幡さんは、「あくまで私見だが」と断りながら、今動きつつあるインドネシア社会をこう分析した。

そして、「(援助、技術提供、社員教育などすべてにおいて)上昇志向の〝マインド〟がなければ、いくら物や機会を提供しても意味がない。しかし、〝マインド〟があれば、向こうからやりたいことを言ってくる。現にインドネシアはそうした社会に変化する兆しをみせ、上昇気流に乗り始めている」と、実感を込めて語った。

日本の昔の面影を残すカラワン郊外の風景
(撮影:木幡幸弘)

マレーシア◆Malaysia

●面積：約33万㎢
●人口：約2，840万人
●民族：ブミプトラ（マレー系及び先住民族）65％、中国系26％、インド人8％
●宗教：イスラム教（連邦の宗教）、仏教、ヒンドゥー教、キリスト教など

「複合民族国家」マレーシア

「マレーシアの特質は、その人口構成の特異さです」――アジア経済研究所でマレーシア研究に携わる東川繁さんは、そう切り出した。東川さんは、1987～89年、1998～2000年の2回にわたり、マラヤ大学の客員研究員を、また1997～98年には国立シンガポール大学の客員研究員を務めた。

マレーシアの民族構成

日本の約9割の国土面積に約2千9百万人の人口。その内訳は、マレー人53％、マレー人以外

のブミプトラ*12%、華人（中国人）26%、インド人8%、その他1%となっている。マレー人は主にスマトラ島から渡来。華人は中国大陸南部の福建省や広東省から、そしてインド人はゴムプランテーションの労働力として、主にインド南部から移入した。

(1)マレー人の渡来は紀元前と古く、近代以降に移入した華人、インド人に比してこの地に定着してからの歴史が長いが、いずれの民族も「外から来ている」という点では、共通している。(2)英統治時代の支配層であったイギリス人はマレーシア独立後、この地を去っている。(3)オラン・アスリ等の土着の民族は、人口比率が低く、社会的影響力が極めて小さい。(4)経済的能力に秀でる華人の人口比があまり高くない（国民の7割以上を華人が占めるシンガポールとは対照的）。

プトラジャヤの財務省庁舎。プトラジャヤは、首都クアラルンプールの南方約25㎞に位置。現在、マレーシアの国家行政機能はほとんどこのプトラジャヤに移管されている。（撮影：東川繁）

　したがって、マレーシアには、圧倒的な支配力をもつ民族が存在しない。微妙な人口バランスの上に、巧みな自動調節機能が働いているかの如く、苛烈な民族対立や暴力的な事件が発生していない。

「日本からマレーシアの現地法人に出向するならば、まず、こうした社会構成や歴史的背景を知ることが大切。現地のトップマネジメントとして赴任した日本人の下には、マレーシア人の中間管理職（マレー人も、華人もインド人もいる）、その下にクラークやワーカーが存在する。彼らが一社員であると同時に、あるエスニックグループの一員であり、固有の社会的、宗教的、文化的バックグラウンドをもっていることを忘れてはならない」

——と東川さん。

「日本人マネジャーが、サービス精神を発揮し、気心知れた部下を食事に連れ出すことがある。それがたまたま華人の社員だった場合、うっかりマレー人の悪口（例：マレー人は金曜日にはモスクに祈りに行き、なかなか帰ってこないなど）を言ってしまうことがある。言われた方はそれを黙って聞いているか、あるいは頷くかもしれないが、心中では〝この上司はマレー人と食事に行けば、われわれ華人への不満を口にしているのではないか〟という疑念が生じる。悪くすれば、それが他の華人オフィサーに広がり、今まで10の協力を得られたのが9か8になってしまうかもしれない。スタッフの評価については、前任者からの引き継ぎや、〝○○人はこうである〟といった先入観やステレオタイプに拠って対応すると、時として大きな間違いにつながるので注意したい」

「マレーシアで強烈な反日感情を呈されることはないが、だからといって深層に日本人への反感がないわけではない。〝中国では反日意識が強いが、マレーシアは親日的で有難い〟と述べた日本人が、相手にすかさず〝自分の祖父は日本軍に殺害された〟という事実を突きつけられた例もある。親密度が増せば、腹蔵なく話したくなるのは人間の常だが、口にする前に、相手の出自や立場を考え、不用意な発言は避けるようにしたい」――東川さんは、マレーシア滞在中、日系企業の出向者から数々の相談を受けた経験を踏まえ、そう語った。

各民族の背景を知り、個人の呼び方にも注意を

さらに、日本人が意外に見過ごしがちなポイントは、「個人の呼び方」であると指摘する。華人の名前は、日本人同様、姓-名と並ぶので分かりやすいが、姓は短く、しかも同じ姓の人が少なくない。そのようなときはフルネームで呼びかけるとよい。フルネームで呼びかけられることに不自然さはない。これは日本人の感覚とは異なるところだ。

マレー人、インド人の場合、姓はなく、基本的に「自分の名前+父の名」という構成になる。前マレーシア首相の Abdullah Ahmad Badawi 氏の名前をみると、最初の Abdullah が本人名で、Ahmad Badawi は父の名。欧米式に Badawi がファミリーネームと考え、Mr. Badawi と呼びかけるのは初歩的な誤りだ。また、日本には、「様」「先生」の使い分けくらいしかないが、マレー

クアラルンプールのブキットビンタン地区。高層商業ビルが建ち並び、モノレールが市民の足となっている。（撮影：東川繁）

シアには様々な敬称や尊称が存在しており、おろそかにはできない。例えば、元首相のマハティール氏（Tun Dr. Mahathir Mohamad）には、国王から与えられたTunという称号があり、またDr.でもある。このTunとDr.を比べると、呼称に関しては実はDr.の方が優位。根強い学歴信仰がその背景にある。したがって、同氏への呼びかけは、Tun Mahathirではなく、Dr. Mahathirとするのが現地式である。

　現地のしきたりに従おうと、社内で、マレーシア人同士がどのように呼び合っているかに注意を払うのはよい。だが、例えば、華人社員が英語名（クリスチャンネーム）で呼ばれ、マレー人、インド人が長い名前の一部をニックネームとしているからといって、外国人がそれに倣うと、なれなれしく響く恐れがある。ちょっとした居心地の悪さでも、それが恒常的に繰り返されれば、当人にとっては、無視し得ないストレスになる。オフィスの人間関係は、友人関係とは違い、上下の関係を含むので、適度な緊張感と距離感を保つことが肝要だ。

「マレーシア人に対し、敬称・尊称も含め、正確かつ適切な呼び方ができれば、〝この人は、われわれの文化・伝統をよくわきまえ、尊重してくれている〟と好意的に受けとめられる。名前は文化を直接的に反映するもの。些細なことと考えず、〝相手の名前の構成を知り、失敗をしない〟という姿勢でありたい」と東川さんはアドバイスする。

複数の民族を包含しつつも、感情的な文化摩擦を生まず、安定した社会を創出しているマレーシア。彼らの知恵や感覚に学ぶところは少なくない。個々の民族のバックグラウンドを知り、配慮すること。それは、マレーシアに限らず、どんな国に赴く際も必須の心得といえよう。名前を呼ぶという、最も日常的な行為が、存外に相手との関係の鍵になるという点も心しておきたい。

＊ 「ブミプトラ（Bumiputera）」とはマレー語で「土地の子」を意味し、マレー人とその他の先住民族を総称する。マレーシア政府は、民族間の経済格差を是正するため、教育、就職など様々な分野で、ブミプトラの優遇措置をとっている。

パキスタン◆Pakistan

●面積：79・6万㎢
●人口：1億7,710万人
●民族：パンジャブ人、シンド人、パシュトゥーン人、バローチ人
●宗教：イスラム教（国教）

地形の変化に富み、地域文化も多彩

パキスタン、パンジャブ州出身のモハマド・シャリフ・サルさんは、1982年に来日。日本語を習得し、1984年には、有限会社インダスバレーを立ち上げた。以来、東京に腰を据え、二十数年にわたって、パキスタンやインド、中央アジアと日本を結ぶビジネスを続けている。

パキスタンの国土は日本の約2倍。北東の国境はヒマラヤ山脈の一部を成し、エベレストに次いで高いK2（8611m）をはじめ、8千m級の山々がそびえたつ。南部はアラビア海に面し、かつての首都カラチは商業と貿易の中心地として発展してきた。

パキスタンの四地域

「パキスタンは非常に地形の変化に富んだ国で、山をひとつ越えれば、言葉も文化も違う。そうした多様性ある人々が、宗教（イスラム教）によって、ひとつにまとまっているのがこの国の特徴です」シャリフさんは、そう語り、まず、パキスタンを大きく4つの地域に分けて、説明してくれた。

(1)パシュトゥーン：アフガニスタンと国境を接する地域。かつて日本の武士が（平時であっても）帯刀して町を歩いたように、男性は銃を肩に下げて外出する習わしがある。
(2)パンジャブ：ヒマラヤ山脈の南に展開する平野で、川が多く、パキスタンで最も農業が盛んな地域。人口も4地域の中で最多。
(3)バローチスターン：パキスタンの南西地域。面積は4地域の中で最大で、最も人口密度が小さく、未だ開拓されていない土地も多い。天然ガスが産出される。
(4)シンド：砂漠を主体とする地方で、ラクダの遊牧文化がある。

パキスタンの言語事情

パキスタンの国語はウルドゥー語で、アラビア文字を用いて右から左へと書く。１９４７年にパキスタンが英領インドから独立した際、インドが公用語とするヒンディー語を敢えて採用せず、ウルドゥー語を国語として定め、使用を促進した経緯がある。ウルドゥー語は、言語学的にはヒンディー語と同じ構造をもつが、アラビア語やペルシャ語からの借用語が多い。

シャリフさんによれば、独立後は、テレビ放送が専らウルドゥー語で行われたため、国語として普及・定着し、今日までにウルドゥー語による優れた文学作品が多数世に出てきているとのこと。しかし、「昨今、各地域で地方語による放送が増えたこととも相まって、地方独自の文化を育てる意識が高まり、ウルドゥー語による国民意識の統合が図りづらくなってきている」という側面もある。自分の子どもたちには、ウルドゥー語ではなく、〝地方語と英語〟を身につけさせたいと考える親世代が増えてきているそうだ。

国民の〝移動性〟は低い

山や砂漠に隔てられていることもあり、パキスタンの人々には、元々国内を往来したり、旅行で他の地域を訪れたりといった習慣はなかった。今日では、都市に就労の機会を求め、故郷を離れる人々も少なくなく、帰省の際などに長距離移動を余儀なくされているが、英領時代に敷かれた鉄道は、残念ながら、その後、公共交通として大きく発展することなく今日に至っている。

このように、国民の〝移動性〟が低いパキスタンにあって、シャリフさんは特異な半生を歩んできた。パンジャブ州の農家出身で、当時、その村からパンジャブ大学に進学したのは、シャリフさん一人であった。大学では数学を専攻。その数学の知識を活かし、学生時代、空港で国内便の搭載バランスを計算する仕事をしたこともある。シャリフさんは、仕事柄、国内各地の空港を巡る機会に恵まれ、多様な地域性を肌で感じることができた。

パキスタン全土に通底する文化

「各地の違いを語りだせば、きりがないが……」と前置きし、シャリフさんは、パキスタン全域に共通する文化や習慣について、次のように語った。

まず、日本との違いとして顕著なのは、女性の外出の機会が

モハマド・シャリフ・サルさん（イスラマバードの自宅にて）

限られていること。若い女性が単独で外出することはなく、必ず父や兄弟、年上の女性親族に付き添われる。男女間では、挨拶の方法として、握手をすることはない。こうした慣習を知らない外国人の女性旅行客がパキスタン人男性に何気なく握手を求めたとして、男性がそれに応じると、周りから冷たい視線を受けることになるそうだ。

パキスタンでは、日常的な食材の買い物も男性が行う。これは、上述のような、イスラム教の価値観によるところもあるが、実際的な意味もある（現代の都市生活者であればいざしらず）。買い物といっても、スーパーなどで快適に済ませられるような環境ばかりではない。伝統的な暮しの中では、山を越え、生活に必須な麦や塩を数十キロ単位で、大量に買い出しに行かねばならず、そのような力仕事を男性が担うのは、ごく自然のことであったのだ。

次にシャリフさんが挙げたのが、パキスタン人のもてなしの心である。友人知人と会う場合、（男性同士であっても）喫茶店などで話すのはあまり好ましくないとされる。互いの家に招き合って交友を深めるのが一般的だ。各家庭には、「客用の部屋」があり、いつでも客人を泊められるようになっている。

「パキスタン人は、元来、外部世界からの来訪者にも開放的で、心を隔てずに親しみを表現する。言葉がわからない相手であっても、温かく受け入れるという点で、〝精神的に国境をもたない人々〟であると思う」とシャリフさん。「近年は、特にアフガニスタンとの国境近くで治安が悪化しており、とても外国人が安心して旅行できる状況ではない。これは、東西冷戦という大国同士の対立の構図の中で生み出されたゲリラ組織群が、その後の歴史の流れの中で、統制不能に陥っているため」と表情をくもらせた。

パキスタン人が共有する意識として、シャリフさんは最後に〝年長者に対する尊敬の念〟を挙げた。シャリフさんの実家では、代々農業が営まれているが、祖父の姿に学んだことは計り知れないという。「祖父は、風を感じ、空を見て、今何をしなければならないのかを悟り、常に自然と対話をするかのように畑仕事をしていた。年長者は、皆から知恵者として敬われ、慕われ、常にその知恵を活かす場があり、大家族の中で、心温かい老後を送ることができる」

シャリフさんの来日後の足跡についても、触れておこう。シャリフさんは、起業時は、パキスタンの工芸品を輸入することから始め、のちにインドや中央アジアの工芸にも範疇を広げた。現在は、じゅうたん、洋

シャリフさんの織物コレクション
（写真提供：Indus Valley Inc.）

服、生地などのテキスタイル全般を主軸に輸入販売を行っている。パキスタンやインドの織物の文化を守りたいという一念で、年に1～4回は、自ら各地に足を運んで商品の収集を行っている。

日本でビジネスを始めた頃は、一から信用を築かねばならず、大変な苦労を重ねたそうだ。織物の展示即売会を百貨店で開催するにあたっては、百貨店独特の販売の仕組みに戸惑った。シャリフさんは、織物の輸入販売に加え、インドやパキスタンのアートやクラフトを扱った美術本の輸入販売も行っているが、当初は出版元のある英国や米国に赴いて、日本での販売権を獲得し、日本のある大手書店と直接交渉して、店頭に置かせてもらえるまでになった。

「私は、いつも一個の〝商人〟でありたいと思ってきた」というシャリフさん。〝寄らば大樹の陰〟的な生き方を好まず、独力で販路を切り拓いてきたが、その過程で、日本特有の〝硬直的な縦割り組織〟の構造に抵抗を感じることも少なくなかったという。「そうした硬直的な構造が新規参入者への壁となり、日本におけるビジネス発展の可能性を削いでしまっている面もあるのではないか?」と苦言を呈する。

マカオ◆Macao（中華人民共和国・マカオ特別行政区）

●面積：30㎢
●人口：56万人
●民族：中国人（9割以上）、ポルトガル系（ポルトガル人と混血）
●宗教：仏教、道教、キリスト教、イスラム教など

“坂道を上るなかれ、平らな道を歩むべし”

李思思さんは、1989年に来日し、東京外国語大学日本語学科、そして同大大学院（言語文化専攻・日本語研究）を卒業した。学友を介して知り合った日本人男性と結婚して一女に恵まれ、その後は、子育てと両立させながら、広東語教室や香港赴任者向け研修の講師を務めてきた。

李さんは、香港で生まれ、小学校6年生の時に父の仕事の関係でマカオに移住した。香港とマカオは高速フェリーで1時間ほどの距離で、言語も同じ「広東語」。父はもともとマカオ出身だが、母は香港出身で、双方に親戚がたくさんいる。

日本に定住後も、年に一度は里帰りして、香港・マカオの家族や友人を訪ねている。そうした

経歴から、李さんは、香港・マカオ両方の暮らしや文化を熟知し、マカオについても、香港との対比において、その地域性をとらえることができる。

「マカオに移住したころ、子ども心に印象深かったのは空の広さと澄んだ空気だった」と李さん。高層ビルが高密度に建っている香港とは違い、当時マカオには高い建物がほとんどなく、町を歩けば、榕樹（ガジュマル）の街路樹が涼しげな木陰をつくっていた。

マカオは〝一本の通り〟

香港とマカオを比較した広東語の表現に、「香港地、澳門街」がある（「澳門」は「マカオ」、「街」は「通り（道路）」のこと）直訳すると〝香港は（広さのある）土地だが、マカオは一本の通り〟となる。

「一本の通り」というのはさすがにおおげさだが、「マカオでは、皆が（一本の道でつながった）小さな社会に住んでおり、その道のどこかで起こったことは、誰もが知るところとなる」という意味だ。実際、マカオでは人と人が直接の知り合いでなくても、何らかの縁でつながっていることが多い。

マカオの住民は、人口の9割以上を占める中国人と、それ以外のポルトガル系（ポルトガル人と混血）で構成される。中国人の中には、李さん一家のように香港から移住してきた人々や、中国本土からの移住者も含まれる。ポルトガル人がポルトガル人以外（ほとんどが中国人）と結婚して生まれた子は、「土生（tou saan）／マカニーズ」と呼ばれる。

マカオがポルトガルの領土であった時代には、マカオ政庁のトップをポルトガル人が占め、その次に高い役職にあったのが「土生」であった。中国人は、主に商業の世界（飲食業や貿易業）に従事するのが今日に至るまでの傾向である。中国人とポルトガル系住民（含：土生）の関係は、手放しで〝良好〟と言えるほどではないまでも、両者の間にはさしたる摩擦はなく、共存関係が築かれてきた。

和を重んじるマカオ人

「マカオの人々は和を重んじる意識が強い。何かもめごとが起こっても、長老格の人物が登場して〝まあまあ〟と事を収める。自己中心的な振る舞いや、強い自己主張はよしとされない」と李さん。

立身出世に関しても、あまり欲を出さずに、ほどほどのところで満足する傾向がある。「香港人は坂道があれば上れるところま

マカオの李思思さん一家（前列は李さんの両親、後列は左から、弟夫婦、李さん、妹）

で上っていこうとするが、マカオ人は生活が安定してさえいれば、〝平らなところで充分〟と思う」と、李さんは香港人との価値観の違いを表現する。そして、その「上昇志向の弱さ」が、マカオ発展のブレーキの一つになっているのではないかとも言う。

現代史を振り返ると、マカオでは、概ね平和が維持されてきた。例えば、第二次世界大戦中、日本軍は香港を攻略したが、マカオまでは来なかった。中国で文化大革命の嵐が吹き荒れた時代も、マカオは本土ほど影響を受けなかった。マカオが中国に返還された後も、香港ほど際立った影響は受けていない。このように、長年、激しい歴史の波にもまれることなく「普通に生活できる環境」が守られてきたという背景も、少なからず、マカオ人の安定志向につながっているのではないか、と李さんはみている。

子育てに関しては、「皆で子どもを育てる意識」が社会に浸透しており、親が自分の子を叱る前に、親戚や近所の人に叱られる、といったことも日常茶飯事である。祖父母の家が「通りの何ブロックか先」と近いことが多いので、親が共働きでも、子どもは寂しい思いをせず、夕食は（仕事から帰った両親と）祖父母の家でとれる。働く両親には、このうえないサポートであり、祖父母世代の生き甲斐ともなって、家族の結束をより強める効果を生んでいる。

史跡を散策する楽しみ

中国返還前からマカオ政庁が修復を加えた経緯もあり、マカオでは、傷みの激しかった欧風建築物がきれいに生まれ変わっている。２００５年には、ユネスコ世界遺産委員会において、マカオの22の歴史的建造物と8カ所の広場が「マカオ歴史市街地区」として世界文化遺産に登録された。

中秋節のセナド広場。色とりどりのランタンが夜の街並みを彩る（撮影：李思思）

マカオは、東西文化が融合した地だけあって、新暦新年、旧正月（春節）、イースター、仏陀の誕生日、クリスマスなど、様々な宗教・東西文化の行事が目白押しだが、宗教的な行事の多くは、信者以外でも参加が可能である。

ところで、マカオのシンボルともなっている「聖ポール天主堂」跡をご存知の方も多いであろう。１８３５年の火災により消失し、石造りの大階段と前面の壁（ファザード）のみが残る場所である。壁面をバックに記念撮影をし、そのままここを後にしてしまう観光客が多いが、ファザードをくぐり、本堂跡地を進むと、奥に「天主教藝術博物館」があり、無料で開放されている。博物館には中世の教会美術が展示されており、地下の納骨堂には禁教令のため日本を離れ、二度と故郷の土を踏むことが叶わずにマカオで生涯を閉じた日本人の遺骨も安置されている。

ヨーロッパ

ギリシャ

スペイン

オーストリア

ロシア

ポーランド

ボスニア・ヘルツェゴビナ

ウクライナ

タジキスタン

スウェーデン

フィンランド

デンマーク

アイスランド

ギリシャ◆Greece

●面積：13万㎢
●人口：1，140万人
●民族：ギリシャ人
●宗教：ギリシャ正教

元祖〝エゴ〟の国

〝ＯＫ！〟の由来

「ギリシャの言葉は、あまり認識はされていませんが、意外に日本人になじみがあるんですよ」

佐々木正さんは、にこやかな表情で、そう語り出した。

「例えば、〝アクロバット〟の〝アクロ〟は〝高い〟という意味のギリシャ語で、〝アクロポリス〟（小高い丘の上の城市）も、その派生語です」

「また、今や英語圏をはじめ、全世界的に通用する〝ＯＫ！〟は、元々は〝Ora Kala〟というギリシャ語が起源で、〝Ora〟が〝all〟、〝Kala〟が〝good〟、すなわち〝全てよし〟という意味。古来、海運業が盛んだったギリシャでは、船への荷積み作業が完了すると、リストと照らし合わせて積み込んだ品々の確認をし、作業員たちが〝Ora Kala〟と掛け声を上げて、いざ出港となったわけです」

ＥＣ加盟がもたらした変化

佐々木さんが三菱商事の駐在員としてアテネに赴任したのは１９８０年７月から１９８６年９月までの６年余りだった。渡航翌年の１９８１年にギリシャが欧州共同体（ＥＣ）に加盟したが、その変化を肌で感じたのはギリシャ人の「時間感覚」であった。ＥＣ加盟前には、「シエスタ」と呼ばれる長い昼休みをとる慣習があり、勤め人は通常、早朝７～11時頃まで仕事をすると一旦帰宅して家族とゆっくり昼食をとり、昼寝もして、16～20時くらいまで働くという生活パターンだったが、ＥＣ加盟後は昼休みが短縮され、９時から17時まで集中して働く勤務体制が徐々に定着していった（当時、ギ

佐々木正さん（ピレエウス港付近で）

リシャでは会社訪問を申し入れる際などに、「お宅の会社はギリシャタイム？　ECタイム？」と尋ねたそうである）。

海運王国としてのギリシャ

ギリシャでの佐々木さんの任務の最たるものは、三菱重工の新造船を販売することだったが、そうした大型取引は4、5年に1度あるかどうか。そのため、日常的な業務は、ギリシャ船の修繕のニーズを探し、いつ頃日本に寄港するのかを確かめ、そのタイミングで日本のドッグに入ってもらえるよう交渉することであった。アテネ近くの港町ピレエウスには3千社もの船会社があったが、それらが幾つかの大きなビルの中に集結し、1フロアーに数十社（1部屋＝1社）ほどがひしめいていた。佐々木さんは、この3千社を次々に訪問し、顔を覚えてもらおうと、積極的に営業活動を行った。

エゴ ego 発祥の地

ギリシャには、海運王オナシスのような大財閥も存在するが、大企業はきわめて稀で、ほとんどの企業は中小規模のオーナー会社である。

「財布の紐を握っているのは社長だけであり、部下たちはどのような肩書をもっていても、決定権がないケースが多い」「これは、〝お金に関して他人を信用しない〟ギリシャ人のシビアな傾向の表れでもある。社長一人でできることには限りがあり、それゆえ、大企業に成長する会社がなかなか出てこないのではないか」——と佐々木さんは分析する。

冒頭のギリシャ語の話に戻るが、英語でも日本語でもおなじみの〝エゴ〟という言葉は、はギリシャ語で「私」の意味である。

サントリーニ島風景（撮影：佐々木正）

「(哲学上、言語学上の検証は定かでないが) この〝エゴ〟が単なるギリシャ語の一人称に留まらず、〝自我〟〝自尊心〟を示す言葉に派生し、ひいては〝自己中心的〟といった意味合いをもつ〝エゴイスト〟〝エゴイズム〟といった表現をも生んだのは、ギリシャ人の〝他者を信ぜず、自己を中心に据える〟一面に因るところが大きいのでは?」佐々木さんはそう実感している。

「彼らが、なぜ〝エゴ〟を大切にするようになったのか、それを考える上で忘れてはならないのは、ギリシャ人の源流がローマ帝国に4百年支配され、その後オスマン帝国に4百年蹂躙されたという歴史的背景。幾世紀にもわたり外的勢力の支配を受ける中で、ギリシャ人が代々その意識の底で〝いつ何時、何があるかわからない〟という警戒心を抱き続けたことは想像に難くなく、〝非常時に信じられるのは自分や家族だけ〟という思いが徹底するのも無理はない」と推しはかる。

ちなみに、日本社会では「嘘をついてはいけない」「人を騙してはいけない」と教えられるが、ギリシャでは子どもが幼い頃から「人に騙されるような人間にはなるな」と教え諭される。

ビジネスを行う環境としても、ギリシャは一筋縄ではいかない国というのが佐々木さんの感想である。ギリシャ人はとにかく議論好きで、日本人の感覚だと「そこまで理屈をこねくりまわさなくてもいいのに」と思うほど、簡単なことでも難しく論じる。また、自分の間違いに対してすんなり謝らない姿勢にも戸惑ったという。

加えて、「他者を信じない」という精神土壌の中で、契約を成立させるのは容易なことではなかった。交渉をまとめる過程はもちろんのこと、契約書にサインするまでたどり着いても、気が抜けない。ある時、1ドル250円だった円相場が、契約成立後に120円に下落したことがある。契約書には「為替の変動があった場合でも、円建てで全額支払う」と明記されていたが、ギリシャの取引先は「私は騙された。契約書などトイレットペーパーと同じだ」と豪語して契約を破棄してきた。

「ギリシャでのビジネスは、〝いかに裏切られないようにするか〟を常に念頭に置いて進めねばならず、そのためには相手と友好的な関係を築くことが第一。人と人との絆をもたない限り、ギリシャで商売をしていくことは不可能。しかし、どんなに友好的な関係になれても、利害が絡めばギリシャ人の〝エゴ〟が頭をもたげ、ビジネスの障壁となることがある」という。

スペイン◆Spain

●面積：50・6万㎢　●民族：イベリア・ケルト系（カスティーリャ人、ガリシア人、アンダルシア人、カタルーニャ人、バスク人など）
●人口：4，700万人　●宗教：カトリック

「スペイン人」とひとくくりにはできない地域性

商社勤務だった林貞男さんは、30余年の在社中、3カ国で計17年にわたり海外生活を送った。ニューヨーク（1960年代に5年間）、メキシコ（1970年代に6年間）と経験を積んだ後、そのスペイン語経験が買われてスペインに赴任。1988年から94年までマドリード支店に駐在した。

独裁政権時代を経てEC加盟へ

「15～16世紀には世界史の主役として一時代を築いたスペインだが、現代史をたどれば、つい二

昔前までは、〝欧州の途上国〟だったといっても過言ではない」と林さん。

スペインでは1936年から3年間の内戦を経て、フランコによる独裁政権が1975年まで持続。フランコ時代のスペインは、他のヨーロッパ諸国からは〝村八分〟の扱いを受けていたため、統制経済下での自給自足を余儀なくされた。自国品を守るべく、輸入関税率も高く設定された。フランコ後続政権の崩壊後に、国外に亡命していた人々が帰国して「社会労働党政権」を実現し、改革開放路線を打ち出していった。

スペインがようやくECへの加盟を（輸入関税率を引き下げるという条件付で）認められたのは1986年、林さんが赴任するわずか2年前であった。共通輸入関税率を達成し、ECに正式加盟したのは1992年。この年は、スペイン全土からイスラム勢力が去ったレコンキスタ[*1]とコロンブスの「米大陸発見」から5百周年にあたった。また、バルセロナ五輪、セビリア万国博覧会という大きな国家的行事の開催年でもあったため、スペイン全国が活気にあふれた。スペインを欧州進出の拠点としようという動きも活発化し、巨額の外資が流入した。[*2]

「フランコ時代の痛い思いを引きずってECに入っただけに、スペインでは国民のECへの期待の大きさがひしひしと感じとれた」と林さん。「開放経済への産業再編成の只中にあって、スペイン人のビジネス界も明暗がはっきり分かれる時代だった」と振り返る。フランコ時代の国家保護という後ろ盾を失って衰退していく企業家がいる一方で、「ECという拡大された市場で闘うため、スペインで生産しても成り立つものは何か」と考え、積極的に打って出る人もあった。「アメリカ、メキシコのビジネス環境と照らしてみると、スペインの特色がより鮮明に感じられた」と林さんは言う。ニューヨーク時代は、何より〝米国のダイナミズム〟を実感した。1960年代当時、林さんはまだ二十代だったが、コネも何もない大会社が相手でも、こちらに見どころありと認められれば、交渉のテーブルに着くことが可能であった。

メキシコは、人と人とのつながりが鍵となる国柄。一旦信頼関係が築かれると、その人の「知人」そのまた「知人」へと紹介され、ビジネスチャンスがどんどん広がっていく。3カ国目のスペインでは、人脈の重要性はメキシコ以上のものがあり、しかもそれだけでは容易に事が動かない難しさがあった。人脈に加え、しっかりとした〝ビジネスリーズン〟（相手を納得させるだけの条件や合理性）が求められたのである。

くっきりとした地域性

ところで、われわれがスペインをイメージするとき、そこには「スペイン人」という、一様の国民が存在しているかのように思いがちだが、実像は決してそうではない。

一般的に「スペイン語」と呼ばれるのは、「カスティーリャ語」で、マドリードを中心とするスペインの中部カスティーリャ地方で話されている言語である。スペイン国内には、そのほかに、「バスク地方」「バレンシア地方」「カタルーニャ地方」「ガリシア地方」[*3]などがあり、各地方で独自の言語が話されている。それらは、日本語における方言以上に差異があり、住民たちは、「スペイン人」としてよりも、各地方のアイデンティティを強く感じているのである。

二層のアーチから成るセゴビアの水道橋。マドリードの87キロ西方に位置する。古代ローマ時代の遺跡で、紀元１世紀頃に建造された。（撮影：林貞男）

例えば、バスク地方に出張した時、林さんが謙遜のつもりで「あまり〝スペイン語〟が上手でなくてすみません」と言ったところ、「あなたが話しているのはカスティーリャ語です。カスティーリャ語をこれ以上勉強するくらいなら、バスク語を学んだ方がよい」と言われたそうだ。また、バルセロナの企業と交渉中、「会議をマドリードで開こう」と提案したところ、「そちらがバルセロナに来ればいい。こちらからマドリードへ行くつもりはない」ときっぱり言われたこともあった。スペインでビジネスをする際は、それぞれの地方の特異性を理解し、尊重する必要があるのだ。

〝異文化間ビジネス〟の心構え

海外ビジネスに携わる者として、林さんは、米国、メキシコ、スペイン、その他どの土地でも、〝仕事をさせてもらっている〟という思いを忘れないようにしてきた。また、日本では当たり前のこと、正しいことも、場所が違えば必ずしも同じとは限らないということを肝に銘じてきた。

「異文化コミュニケーション」というと、「自分がいかに異文化になじむか」（異文化環境でのストレスを防ぐか）という視点で語られることが多いが、それと同じくらい大切なのは、「相手国の人に、偏見の押し付けによるストレスを与えないこと」というのが林さんの持論である。

そのため、相手国の歴史を事前にできるだけ学ぶよう心がけ、同時に現地語で会話ができるよう、出張の機内でも言語学習に励んだ。「そうすることで、自然と相手の文化を尊重する思いが湧いてくる。そして、仕事上で苦い経験をすることがあっても、相手に敬意を抱いて接することができる」と林さんは言う。

＊1　レコンキスタ：8～15世紀末にかけてイベリア半島で起こった、キリスト教徒による〝国土回復運動（再征服運動）〟のこと。イスラム教徒はイベリア半島の南に徐々に押しやられ、１４９２年には全領土

を失った。当時のヨーロッパのキリスト教国（特に東欧と地中海）は圧倒的にオスマントルコ（イスラム）に攻めたてられていた。首都コンスタンチノープルが陥落した東ローマ帝国の滅亡（１４５３年）に続いて、ギリシア、ブルガリア、ユーゴ、ハンガリー等が征服され、ハプスブルグ王朝のウイーンまで包囲された（１５２９年）。そのような絶望的な趨勢の中で、唯一の例外的反撃の灯が西端のスペインにおける１４９２年のグラナダ王国の降伏（レコンキスタ完了）だった。

＊２　外資の参入：フランコ時代の低成長のためＥＣ加盟前のスペインは低賃金だった。この低賃金労働を活用してスペインでものを生産し、欧州全域へ販売しようとする動きがあったが、スペインのＥＣ加盟でその動きに拍車がかかった。スペインには、自動車産業をはじめ、化学品、家電、通信機器、機械部品等、様々な外資が参入した。

＊３　各地方の概説：大西洋に面している北部の「バスク地方」は、大航海時代には先鋒となって東洋に繰り出した。現在も科学技術や重工業分野ではスペイン一の実力を誇る。古来、地中海貿易で栄えてきた「カタルーニャ地方」のバルセロナは、現在、商業や耐久消費財産業の中心地。「バレンシア地方」は開明的な土地柄で、米作が盛ん（パエリアがおいしい）。「ガリシア地方」は水産物と巡礼の道で有名。「アンダルシア地方」には（かつて、レコンキスタの褒賞として貴族に大規模な農地が与えられた経緯から）今も大土地所有制の名残が存在する。

オーストリア◆Austria

●面積：8・4万㎢　●民族：主としてゲルマン民族
●人口：840万人　●宗教：カトリックが70％以上、プロテスタント5％

多彩な人種・文化が融合するオーストリア

「国境線は、地理的な境界に加え、戦争などにより人為的に引かれるもので、その地域の歴史を反映し、国際政治・経済の趨勢によって変化する。ヨーロッパ大陸におけるオーストリアもその例にもれず、〝オーストリア〟という国がどこを示すのかは、時代によって異なる」

そう語るのは、元日商岩井で、オーストリア経済振興会社・東京事務所日本代表（兼オーストリア大使館商務部投資商務官）も務めた吉野鋼平さん。

商社在職中は1970年代にポーランド（ワルシャワ）、80年代にニューヨーク、そして90年代にウィーンに駐在した。社会主義体制下にあったポーランドからは、夏冬の特別休暇と出張を利用し、家族とともに何度もウィーンを訪れた。また、ウィーン駐在時には、日本からの輸出、オーストリアから日本や第三国への輸出に携わりつつ、オーストリアの理解に努めた。30余年の間、勤務地が日本、米国と変わっても、一貫してオーストリアを中心とする〝東欧諸国〟を見つめ、特に1989年のベルリンの壁の崩壊後、旧ソ連のくびきから放たれた〝東欧諸国〟が本来の〝中欧諸国〟として、政治経済的にどのように変遷・発展してきたかを自身の耳目で見守ってきた。

吉野鋼平さん夫妻（中世の風情を色濃く遺す街、デュルンシュタインのドナウ河畔レストランにて）

「日本のメディアの報道では、現在の中欧諸国についても、事実の片側にしか光が当てられていないことが多い。表面的な事象に捉われず、本質的なものを見きわめることが大切。そうすれば、〝今何が起こっていて、何をすべきなのか、またどうなるか〟が自ずと見えてくる」

吉野さんの洞察力や視座の基になっているのは、国と地域に対する歴史理解である。元来歴史を学ぶことが好きな吉野さんは、同時期に世界各地で起こったことを複眼的にとらえ、日本の歴史とも比較しながら、その流れや因果関係を意識するという。

歴史的に紆余曲折を経たオーストリア

オーストリアの歴史は長く、かつ非常に複雑な紆余曲折を経たものである。1273年にハプスブルグ家（スイス出身）がオーストリアの王権を確立後、神聖ローマ帝国、オーストリア帝国、オーストリア・ハンガリー二重帝国と政体を変えた。第一次世界大戦が終了した1918年に、約650年にわたって帝位を継承したハプスブルグ家が崩壊して、現在のオーストリアの面積に近い小共和国となり、周辺国が独立。第二次世界大戦では、ドイツに併合され、枢軸国側で戦って敗戦国となる。大戦後は連合国、米英仏ソ4カ国の分割占領を受け、冷戦下の1955年、永世中立国になる道を選び、独立を回復した。[*1]

吉野さんは、歴史上の著名人たちの例を引いて、次のように述べた。

「ハイドン（1732～1809）はオーストリアの作曲家だが、その生誕地が当時のハンガリー領なので、ハンガリー人でもある。リスト（1811～86：ハンガリー人だがハンガリー語が話せなかった）が生まれた場所は現在のオーストリアにある。また、えんどう豆の配合実験により遺伝の法則を発見したメンデル（1822～84）はオーストリア・ハンガリー二重帝国時代のオーストリア人神父だが、現在メンデル博物館があるのはオーストリアではなく、その出身地であるチェコ共和国・モラヴィアのブルノ市である。……オーストリアが誇る世界的な知識人や芸術家をみると、こうした例は枚挙にいとまがない。歴史を通じ、国境が変化し続けたことの所産であろう」

料理に関しては、「オーストリア料理は、元々のドイツ南部（バイエルン地方）の料理を中心に、チェコ・ハンガリー・ポーランド・イタリア料理などが包含されたもので、オーストリア人が自国の料理と言っているものが、実は、他国の料理ということもある。多国籍の料理が影響を与え合ってきた環境ゆえか、元々の料理よりも、洗練された味になっているのは興味深いところ」とコメント。

吉野さんは、さらに続けて、中欧諸国とオーストリアの縁を語る。「第二次世界大戦後、〝東欧諸国[*2]〟から西側諸国へ旅行するのは許可制であったが、永世中立国となったオーストリアへは出入国が比較的容易だった。そのため、ウィーンは東欧諸国の人々にとって憧れの〝西欧の地〟で、国際会議の開催地や商談の場所としてウィーンが選ばれることが多かった。往来が完全に自由になった今も、オーストリアは中欧地域へ進出する企業の基点・拠点となるなど、西欧と中欧諸国を結ぶ接点となっている。また時代を遡ると、回教国オスマントルコは歴史上2度（1529年と1683年）ウィーンを侵攻しており、特に2度目にはウィーンは陥落直前という窮地にあった。そこに援軍を出したのがバイエルン王国とポーランド王国で、オーストリアと共にローマ・カトリック連合軍を成して、オスマントルコ軍を退けた」[*3]

〝民度〟の高いオーストリア社会

吉野さんは、オーストリア人を評し「概して民度が高く、また、気質が優しい。またウィーンは長年交通の要地で、周辺国のさまざまな文化や出自の者を受け入れる歴史的土壌があるので、〝何々人を優遇〟ということがなく、そのホスピタリティは格別」と言う。「オーストリアではバイエルン地方と同様に挨拶で、〝グリュース・ゴット Gruss Gott〟と言うが、その意味は〝望むらくは神様があなたに挨拶をされますように〟で、この言葉を聞くと、なんとも言えないオーストリア人の良さがにじみ出ていると感じる」「ウィーンフィルハーモニー交響楽団のメンバーリストを見ると、ゲルマン系、ボヘミア（プラハを中心とするチェコの西部・中部）系、ハンガリー系など、多種多様な名前のオーストリア人で構成されているのがわかる。このように、多彩な人種と文化が融合してこそ、あの独特な、調和のある音色が生まれ、そうしたシンフォニーの伝統が継承されているのではないか」と語る。

大切なのは一個の人間としての品格

吉野さんは、現在もオーストリアの知己と交友を続けているが「日本人だからこうしなければ」ということは全くない、ときっぱり言う。「両国とも長い歴史のある国であり、常日頃の自分の精神構造、性格、ものの考え方そのままで、品格をもってつきあえば、何ら憂えることなく、対等に話せる関係が築ける。言うなれば〝自分を磨くこと〟、そして、自分の考え方や行動の柱として誇れるような一貫した〝基準〟をもつことが肝要。そうすれば相手もこちらを理解しようとし、日本人を尊重してくれる」

長い歴史の中で醸成されてきた有形無形の文化は、この国の大いなる財産である。吉野さんはオーストリアの民度の高さに言及したが、この「民度」という言葉は、国民の経済的豊かさや教育水準といった指標とはまた別の、人々が内に湛える文化の深みのようなものをも感じさせる。そうした彼らと向かい合

アドヴェント・クランツと呼ばれる、モミの木のリース。待降節の間、日曜日ごとにローソク１本ずつに点火し、４本全部に点火し終えた次の日曜日にクリスマスを迎える。（12月、ウィーン市内の食料品市場にて。撮影：吉野鋼平）

うためには、われわれの中にも、（借り物でない、自分自身の）文化を息づかせることがより一層求められるのでは？　――それが即ち〝自分を磨くこと〟なのかもしれない。

＊1　現在のオーストリアの面積は、北海道とほぼ同じで、人口は約8百万人。オーストリア・ハンガリー二重帝国時代は今のチェコ共和国、ハンガリー、スロヴァキア、ポーランドの南部、スロヴェニア、クロアチア、ルーマニアの北部等を含めて約5千5百万人だった。現オーストリアは、言語は南ドイツ（バイエルン地方）のドイツ語とほぼ同じで、その文化と気質はゲルマン民族（バイエルン族）の色合いを濃く保ちつつも、歴史的に長い周辺国との人的混合・融合により、スラブ、ハンガリー（アジア系民族）の影響を受け、またユダヤ人を受け入れた結果、オーストリア独特のものになっている。

＊2　第二次世界大戦後、オーストリアは、米国のマーシャルプランの援助を受け、その結果、（〝東欧〟に対する）〝西欧〟に属した。一方、ソ連が強制的に米国の援助を拒否させた諸国（第一次世界大戦後にオーストリア・ハンガリー二重帝国から独立した国々）は、社会主義化されて、〝東欧諸国〟と称されるようになった。

＊3　ハンガリー、ルーマニア、ブルガリア、旧ユーゴスラビア、ギリシャなどは2百年から4百年にわたって回教国オスマントルコの支配を受けた。ウィーンは、オーストリア以西のキリスト教国にとって最後の砦であり、この都が1683年にオスマントルコ軍を退けたことは、ヨーロッパのキリスト教国で、今もなお想起される史実である。

ロシア◆Russia

●面積：1,707万㎢　●民族：ロシア人80%、他多数の少数民族
●人口：1億4,200万人　●宗教：ロシア正教、イスラム教、仏教、ユダヤ教など

伝えたいことはオブラートに包まず、直球で

塩田マリヤさんはモスクワ生まれ、モスクワ育ちで、日本人との結婚を機に来日した。ロシア科学アカデミー付属東洋大学で日本語を勉強し、首席で卒業。その語学センスを活かし、モスクワ時代から現在に至るまで、和露語間の通訳、翻訳家として活躍している。

ロシアと日本双方の文化に詳しいマリヤさんは、ロシア人のメンタリティや行動様式、日本人が現地で暮らすにあたっての心得を次のように語った。

パーティ好きなロシア人

ロシア人は大変パーティ好きである。パーティに招待されたら、各人がスピーチを求められるのだが、不慣れな日本人にはこれがかなりストレスになる。スピーチは全員がまとめて最初に済ませるのでなく、「スピーチ→乾杯→歓談→スピーチ→乾杯→歓談……」と最後の一人に至るまで、時間をかけて、順繰りに行う。

例えば、誕生日パーティ。スピーチは通り一遍に「お誕生日おめでとう。乾杯～」といった掛け声だけでは許されるものでなく、最低1分くらいの長さで、内容があり、誕生日の主への親愛の情に満ちたものでなければならない。「私はあなたが生まれた時のご両親のお喜びようや、あなたが命名されたいきさつをよく知っています。お名前通りの素敵な女性に成長されたことをとても喜ばしく思っています。あなたの未来に乾杯！」「私はまだあなたと出会って間もなく、今日はこの場に招かれるのが申し訳ないような思いで参りましたが、あなたの素晴らしいお友だちとも知り合うことができ、こうした方々と知遇のあるあなたのお人柄、人徳に改めて感じ入っています。あなたと私たちのこれからに乾杯！」……といったふうに。

塩田マリヤさん（富士山にて）

慣れてくれば即興でもできるが、初心者には至難の業。書いてきたものを読むのもいただけない。時間をかけて準備してきたにせよ、それを感じさせぬよう、自然に言葉が出てこなければならない。後の順番に回ってきた人は前の人たちとの重複を避け、途中で内容を修正する必要も出てくる。どうしたらさりげなく、気の利いたスピーチができるか……場数を踏み、失敗を重ね、良い例を参考にしつつ、修練していく以外にはなさそうである。

モスクワの中心部にあるトヴェルスカヤ通り。赤の広場と繋がっている。(写真提供：塩田マリヤ)

さて、パーティではどんな話題がでるのか。マリヤさんによるとパーティの二大トピックスは「人生相談」と「政治の話」だそうだ。後者については、政治向きの話はしない方がよいという文化が多い中で、意外に思われるかもしれない。だが、ロシア人は大変議論好きで、政治についても相手と主義主張が異なろうと、持論を披瀝し合って楽しむ伝統がある。パーティで彼らの輪に入るためには、日頃からニュースに注目し、ロシアの政治や国際政治について一家言もつくらいの気概が必要のようだ。

〝謝る習慣〟のない(?)ロシア人

ビジネスの世界に目を転じると、日本人がロシアで戸惑う第一の点は、ロシア人の間に〝謝る習慣〟が存在しないことである。日本では何か失敗を犯しても、謝ることで許され、人間関係が円満に保たれることが多い。言い訳は潔しとされない文化だ。しかし、ロシアでは仕事上の非を問われても、言い訳を連ね、頑として謝らないのが常で、上手に嘘をついたり、誰かのせいにしたり、時にはありえないような論理で切り返される。

日本人がこのような事態に遭遇すると、つい「一言謝ってくれればそれで済むのに」と思うのだが、こればかりは平行線で、両者の溝は埋めようもない。相手の非が明々白々なのに謝ってもらえない日本人、謝ることを期待されるロシア人――互いにいらいらを募らせるだけで、そこからは何も生まれない。ロシア人は口では反論していても、心中では批判を受けとめていることが多いので、無理に謝罪を求めず、不本意でも彼らの言い訳を聞き届けるのが得策だ。実際、その場を過ぎれば、次回からは指摘された点を素直に改善してくることが多い。

日本人の〝謝る習慣〟について付言するならば、日常の小さな失敗はよいとして、金銭的問題や責任問題を伴う大きなトラブルの際に、日本的な感覚で、方便としての謝り文句を口にすることは禁物である。謝れば、「私が悪かった」という意思表示になり、言質をとられてしまう。

また、これは公私両面に通じることだが、相手の思惑を慮って言い回しを選んだり、本音と建前を使い分けるような腹芸的やりとりはロシアでは通用しない。むしろストレートに自分の思いを口にし、疑問点は曖昧にせずに確認していくという姿勢が好まれる。ロシア人の懐に飛び込み、自分の考えや主張をぶつけてゆく勇気をもてれば、それが一歩踏み込んだ人間関係に入っていくきっかけになるのかもしれない。

ポーランド◆Poland

●面積：32・3万㎢
●人口：3，800万人
●民族：ポーランド人97％
●宗教：カトリックが約90％

ポーランド芸術は自由な精神の発露

ワルシャワ出身の平山クリスティーナさんは、日本人との結婚により来日。2人の子どもを日本で育て上げ、現在は浦安市の国際関係のアドバイザーを務めている。

冷戦後のポーランド

東西冷戦の終焉とソ連の解体により、ポーランドで約40年間続いた旧体制が崩壊したのは1989年のこと。その後は脱社会主義路線を歩み、2004年5月にはEUにも加盟した。クリスティーナさんは、結婚後も年に1度はワルシャワの家族を訪ね、常にポーランドの新しい風を感じてきたが、最近は社会状況がとみに変わりつつあるという。社会主義時代の「平等」や「失業ゼロ」という前提を失ったことで、競争社会が現出していること。貧富の格差の拡大。加えて、（これはヨーロッパ全体に通じる傾向かもしれないが）国境がオープンになって出入国が自由化し、治安が少々悪化したことなどである。

心の自由を重んじるポーランド人

ポーランドは他のヨーロッパ諸国に比べ、旅行者や赴任者の往来が少なく、日本人がその実像を知るチャンスはなかなかない。

「ポーランド人は心の自由を重んじます。時には自由すぎて、ルーズになることもありますが……」、クリスティーナさんはまずポーランド人気質をそう語り、「ポーランドについて、ぜひ注目していただきたいのは芸術文化面」と言葉を継いだ。

ショパンという稀代の作曲家を生んだこの国は、ショパンコンクールの開催地として知られているが、その他にも常時数多くのコンサートが開かれている。ワルシャワにはオペラハウスをはじめとする音楽鑑賞施設が充実し、市民の身近な存在になっている。

音楽以外では、現代の芸術として映画が特筆に値する。国民的監督として筆頭に挙げられるのがアンジェイ・ワイダ氏（1926年生）である。その代表作の一つがワルシャワ蜂起（1944年8月）を題材にした『地下水道』（1957年、カンヌ映画祭審査員特別賞）で、武装蜂起した民衆軍がナチス・ドイツの猛攻にさらされ、地下水道の中に追い込まれる様子が描かれている。娯楽性よりも、芸術性やリアリズムを重視する傾向の強いポーランド映画は、世界の映画界の中でも、長く異彩を放ってきた。

「西向き」に開かれたポーランド文化の窓

その政治、歴史的背景ゆえ、文化面ではロシアや旧ソ連からの影響が大きいのでは、と思われがちだが、「伝統的にポーランドの文化の窓は西向きに開かれていた」というのがクリスティーナさんの認識である。

これは、ポーランド語がロシア語で用いられるキリル文字ではなくラテン式ローマ字で表記されること、そして国民の9割以上がカトリック教徒という精神風土に裏打ちされたものだ。ヨーロッパでカトリックの影響の濃い国家といえばイタリア、アイルランド、ポーランドの3カ国。クリスティーナさんには、実の両親のほかに、カトリックの伝統に基づくゴッド・ファザー、マザー（精神的支柱）がおり、帰国の度に挨拶を欠かさない。

1989年以降は特に、英語教育が強化されているので、高校までの教育を受けたポーランド人であれば、英語でもコミュニケーションが可能である。人情に厚く、一旦親しくなれば一生懸命助け合うお国柄だ。

クリスティーナさんは、「ポーランド語を話せるにこしたことはないが、名詞に単数・複数／男性・女性・中性形があり、組み合わさる前置詞によって原形も留めないほどに七変化するこの言語をマスターするには相当の根気が必要」と言う。

平山クリスティーナさん（ワルシャワの旧市街にて）

日本では意外に知られていないが、近現代を通じポーランド人の対日感情は良好で、ワルシャワ大学やクラクフのヤギエウォ大学*には日本学科も設置されている。クリスティーナさん自身もワルシャワ大学日本学科の卒業生。教養科目として哲学、経済、ラテン語及び2つの外国語（英語は必修）を、専門科目として日本語、日本史、日本文学を学んだ。

ポーランド生活の余暇には、古城巡りや中世の街並みの散策などをお勧めしたい。ポーランドには文化的遺産が多く、世界遺産に登録されている場所も12カ所に及ぶ。観光地化が進んでいないだけに、自分自身の足と目でポーランドの様々な表情を見つけるのは醍醐味あふれる道程に違いない。

クリスティーナさんの話を聞き、「ポーランド人は心が自由」というフレーズが印象深く残った。地勢的な条件から何度も近隣の強大勢力に翻弄され、長きにわたる苦難の時代を経てきたポーランド。だからこそ、人々は精神面での自由を尊び、伸びやかに、しなやかに芸術性を花開かせてきたのかもしれない。

＊　ワルシャワが政治・経済の街とすると、クラクフは歴史と文化の街。同大学は1386年に成立したヤギエウォ王朝の名を冠している。ポーランドが王国であった時代の王宮「ヴァヴェル城」はバロック様式の壮大な建築で、中世の面影を今に伝える。

ボスニア・ヘルツェゴビナ◆Bosnia and Herzegovina

◐面積：5・1万㎢
◐人口：約400万人
◐民族：ボシュニャク系、セルビア系、クロアチア系
◐宗教：イスラム教、セルビア正教、カトリック

旧ユーゴ時代には、多文化・多民族が平和裏に共存（混住）

ボスニア・ヘルツェゴビナは、バルカン半島に位置する人口約4百万人の国で、面積は5・1万㎢（九州の約1・3倍）である。四季があり、東ボスニアでは紅葉も楽しめる。首都サラエボは、「サラエボ渓谷」の中に位置し、冬は車を30分も走らせれば山スキーができる。また、サラエボから車で南南西に3時間ほど移動すれば美しい海岸線に至り、夏は多くの観光客で賑わう。ボスニア・ヘルツェゴビナは国土のほとんどが内陸だが、20㎞だけアドリア海（イタリア半島の〝ふくらはぎ側〟の海）に面しているのだ。

東西が交差する十字路

バルカン半島は、「東西が交差する十字路」であり、古来様々な勢力がその覇権を争った地域だ。ボスニア・ヘルツェゴビナを知る上でおさえておくべき歴史的背景について、最初に触れておきたい。

同地域には、6世紀にスラブ系民族が定住を開始。14世紀には「ボスニア王国」が成立するが、1463年にオスマン・トルコにより征服され、以後4百年以上にわたり、その支配を受けた。19世紀後半に入るとオスマン・トルコの趨勢が衰え、1878年のベルリン会議を経てボスニアはオーストリア・ハンガリー帝国の統治下に入る（1908年には、同帝国によってボスニア、ヘルツェゴビナ両地域が併合される）。

1914年、オーストリア・ハンガリー帝国の皇太子夫妻がサラエボで暗殺されたいわゆる「サラエボ事件」は第一次世界大戦の引き金となった。

第一次世界大戦での敗北によりオーストリア・ハンガリーが瓦解した1918年、同地に「セルビア人・クロアチア人・スロベニア人王国」が誕生（1929年にユーゴスラビア王国と改称）。

第二次世界大戦中はナチス・ドイツに占領されるが、ユーゴスラビア共産党書記長チトーがパルチザン部隊を組織し、主権を奪回する。そして大戦終結後の1945年にセルビア、クロアチア、ボスニア・ヘルツェゴビナ、モンテネグロ、マケドニア、スロベニアの6つの共和国からなるユーゴスラビア連邦が成立した。東西冷戦時代に入り、ソ連が東欧諸国への圧力を強める中、1948年、ユーゴスラビアは東側陣営と袂を分かち、コミンフォルムから除名処分を受ける。そして西側諸国とも距離を置き、独自の社会主義路線を歩み始めた。

東西両陣営の力学の狭間に位置したユーゴスラビアは、冷戦体制の中で政治的均衡を保っていたが、圧倒的だった指導者チトーの死や、冷戦の終焉に伴う民族独立の気運の高まりの中で、連邦としての求心力が失われ、1991年にはクロアチア、スロベニア、マケドニアが次々に独立した。ボスニア・ヘルツェゴビナもそれまでの「一党独裁」から「複数政党制」に移行し、1992年、独立を問う住民投票を実施するが、これを端に本格的紛争が勃発。死者20万人以上、難民・避難民が2百万人といわれる、欧州での戦後最悪の紛争となった。

マヤ・ヴォドピヴェッツさん（東京外国語大学・博士課程の友人とサラエボ市内のラティンスキー橋にて）

「ヨーロッパの火薬庫」の実情

マヤ・ヴォドピヴェッツさんは、2005年にボスニア・ヘルツェゴビナから来日し、東京外国語大学で「日本語教育学」を、同博士課程で「平和構築・紛争予防専修コース」を専攻した。「ヨーロッパの火薬庫」とも呼ばれるバルカン半島だけに、実情を知らない者には「異民族や異教徒が日常的に反目し合い、長年一触即発の緊張感にさらされてきたのでは？」と見られがちだ。

しかし、マヤさんによれば、旧ユーゴスラビアでは、多民族が平和裏に共存でき、差別や偏見もなく、異なる民族間での結婚も珍しいことではなかった（マヤさんのヴォドピヴェッツという姓は、スロベニアの名で、父方の祖父がスロベニア人であったことに由来する。マヤさんの父は、その祖父とクロアチア人の祖母との間に生まれた。マヤさんの母はセルビア人である）。1974年生まれのマヤさんは、子どもの頃から「隣人は家族より大切」「他宗教を尊重しなさい」と教えられた。

ボスニア・ヘルツェゴビナには「ボスニア語」「セルビア語」「クロアチア語」の3つの言語があるとされるが、それぞれが、自分たちの民族名を冠して呼んでいるだけのことで、言語学的には同一のものである。「関西弁と標準語ほどの違いもない」という。ただし、ボスニア語とクロアチア語はラテン文字で綴られ、セルビア語はキリル文字で綴られるため、マヤさんの小学校時代、授業では「1週間ラテン文字で勉強したら、次の1週間はキリル文字で」という具合に、両方の文字が教えられた。

旧ユーゴの中でも、ボスニアでは複数民族の「混住」が進み、多文化を許容する傾向が強かったそうだ。「混住」と書いたが、実際のところ、ボスニアでは「○○人」という括りで、居住区が分かれることもなく、お隣り同士が別の民族、別の宗教ということが当たり前であった。ボスニアは、ユーゴスラビアの「多文化・多民族共存の理念」が象徴的に実現されている場所として〝リトル・ユーゴ〟とも呼ばれた。外国人や外国文化に対しても寛容であり、〝ホスピタリティの国〟としての自負があった。

ボスニア・ヘルツェゴビナ紛争

ボスニアは1992年紛争に突入した。そして、1984年にオリンピックに沸いたサラエボでも銃撃戦が繰り広げられ、多くの市民が犠牲となった。

「多民族が平和裏に共存してきたこの土地に、なぜあの凄惨な紛争が起きてしまったのか」、マヤさんは当時を振り返る。

サラエボの中心街・チトー通り（撮影：マヤ・ヴォドピヴェッツ）

「冷戦時代には微妙なバランスの上に成り立っていた、その力学が崩れたことが大きい。一党独裁から複数政党制にシフトしたことは、〝民主主義〟に照らせば歓迎すべきことだが、その結果、国民の支持政党が分かれた。各政党に加わった外部（外国）の力や、メディアによる扇情的な報道などが、国民の間に生じた亀裂をさらに深める結果となったことは否めない」

紛争が始まった1992年、マヤさんはセルビアのベオグラード大学に進学していた。専攻は日本語と日本文学だった。

卒業後は、紛争が終結したサラエボに戻り、2000年から5年間、日本大使館に勤務。この間、大使館のサポートを得て、ボランティアで市民に日本語を教える活動を続けた。そして、2005年、彼女は長年の夢であった日本留学を果たした。

日本でのカルチャーショック

日本での大学生活を通じて感じるところは大きかった。日本人は、「以心伝心」「阿吽の呼吸」などといって、いちいち言葉にしなくても、互いに察し合えるところがある。しかし、ボスニアでは、多民族が共存し、それぞれの文化・価値観を背景に暮らしているため、自分の考えは明確に言葉にして表現しないと、相手に理解してもらえない。

マヤさんは幼い頃、何かもの言いたげにしていると、母親に「額に書いてあるわけではないのだから、言わないと分からないでしょう?」とよく注意された。「赤ちゃんが泣くまでは母親はミルクを与えるな」というくらいで、ボスニアでは赤ん坊の頃から意思表示をするように育てられるのだそうだ。

ウクライナ◆Ukraine

●面積：60・4万㎢
●人口：4，600万人
●民族：ウクライナ人78％、ロシア人17％
●宗教：ウクライナ正教、ウクライナ・カトリック教、イスラム教、ユダヤ教など

逆境の中でも光を見出そうとするウクライナ人

来日して12年目を迎える嶋崎イリーナさんは、ウクライナ東部のザポリージャ出身。ザポリージャ国立総合大学では生物学（専門はマイクロバイオ）を学び、工業地帯からの排気や排水が植物にどのような影響を与えるかを研究した。在学中、英国に語学留学し、同時期に留学中だった嶋崎氏と出会う。大学卒業後に結婚、来日した。

ウクライナとは一体、どのような国なのか。「旧ソ連邦の一員であったこと」「近年はロシアと距離を置き、ＥＵに加盟して西欧ヨーロッパ社会に連なろうとしていること」などは、国際政治

の脈絡で周知されているものの、多くの日本人にとってはまだなじみの薄い国である。

世界中のどんな国でも、歴史をひもとけば辛苦の時代が存在するものだが、ウクライナは何世紀にもわたって諸外国による厳しい外圧や内憂を経験してきた国だ。現在の首都があるキエフは、かつて「キエフ大公国」が築かれた中心地だが、13世紀には、モンゴル帝国の侵略を受け、１５６９年にはポーランドの領土となる。ポーランドの圧政に対する抵抗運動は、独立運動へと発展。１６５４年、独立運動の指導者は、ロシア皇帝にポーランドからの保護を求め、その代償としてロシアの宗主権を受け入れる。しかし、当初認められた自治権は徐々に失われていき、18世紀後半にはロシアの一部となる。１９１７年のロシア革命後は、内戦状態に突入し、１９２２年にソ

嶋崎イリーナさん（撮影：原島一男）

ビエト連邦に組み込まれる。１９３２～33年には、スターリンによる農業集団化政策と、苛烈な食料調達により「大飢饉」が発生し、数百万人のウクライナ人が餓死する事態に至る。[*1] 第二次世界大戦中は国土が戦場となり、ドイツ空軍の攻撃を受け、多くの人命と歴史遺産を失った。１９８６年に旧ソ連体制下のウクライナでチェルノブイリ原発事故が発生したのは記憶に新しい。１９９１年には独立を果たし、ソ連邦崩壊の契機となる。２００４年の大統領選挙に端を発した「オ

レンジ革命」[*2]の後は、指導者が国民の支持を得、政情は比較的安定している。

耐え忍ぶ精神性

「ウクライナは、自分から戦争を起こしたことのない国。歴史上、他国の攻撃や圧力にさらされ続けてきたためか、〝何事があっても、その波が去るまで忍び、耐える精神性〟が根付き、日常生活においても極力我慢する性向がある。また、悪い状況の中でも、少しでも明るい要素を見つけ、希望を持とうとする」とイリーナさん。

人間関係においても然り。イリーナさんは幼少時代、両親から常々「嫌いな人がいたら、できるだけその人のいいところを見なさい」と訓育されたそうだ。

〝白いカラス〟は嫌われる

「和を重んじ、互いに助け合うところは、日本人の美徳に通じるものがある」とイリーナさんは語る。ただし、その際ウクライナ人はつとめて〝相手と同じ目線〟であろうとする。困っている人がいたら、自分を高い位置においたまま「助けてあげる」のではなく、相手と同じ高さに立ち、共に悩み、活路を見出そうとするのが、ウクライナ人の誠意の示し方である。

「ウクライナに赴任し、現地で部下をもった場合、部下の失敗を叱ることは、大勢の前で面子を失わせるような形でなければ構わない。ウクライナ人は、叱られても大抵は素直に謝らず、言い訳をするが、言い訳をすることは、ウクライナでは一つの〝謝罪〟の形なので、目くじらを立てず、受けとめて上げるのが肝要」とイリーナさん。「その上で、なぜ失敗してしまったのか、よくよく理由を聞いて、共に解決法を考えるのがよい上司」とされる。

キエフの聖ソフィア大聖堂（1990年に世界遺産に登録）写っているのはイリーナさんの父、カルーズニ・イヴァンさん（撮影：嶋崎イリーナ）

職場では、周りとの協調姿勢が大切である。「あまりに真面目で、隙がないくらいに職務に実直であり、その真面目さを他者にも求めたりすると、〝白いカラス〟になって浮いてしまう」（ウクライナでは、仲間はずれにあうことを〝白いカラスになる〟と表現する）。一人だけ「いい子ぶる」のは好まれない。あくまで程度とバランスの問題だが、ウクライナでは、仲間や部下の至らぬ部分に対してもおおらかに向き合える人物の方が、人間的に評価される。

ウクライナの人々の外国人への意識はどうなのか。イリーナさんによれば、旅行者や外国人滞在者に対しては、概してオープンで友好的とのこと。一般的に英語はあまり通じないので、言葉を介したコミュニケーションはとりづらいが、何かを尋ねれば、たとえ言葉がわからなくても一生懸命理解しようとする姿勢を見せてくれるそうだ。「キエフでは公共交通も整備されており、地下鉄を利用すれば移動も便利だが、表示がキリル文字のみで、英語表記がないのが難点」現地語がわからない旅行者が独力で観光するには、まだハードルが高そうだが、将来、外国人に配慮した環境が整えば、ウクライナはもっと身近な国になっていくかもしれない。

＊1　1932〜33年の大飢饉：スターリン政権は、工業化を推進し、国際連盟に加盟して国際社会で一定の地位を得ることを目指していた。その命題の下、工業化を進める財政基盤づくりのために食料の輸出を積極的に行い、豊かな穀倉地帯であったウクライナでは強圧的な農業集団化と厳しい食料調達が推し進められた。ウクライナの人々は自分たちが生きるための食料も供出せざるを得なくなったが、農業集団化に反対したり、課せられた食料調達量が達成できない場合は厳しく罰せられた。飢餓状態に陥った人々が、種用の穀物や家畜用の飼料に手を出すことができないようパトロールが行われ、国境も封鎖された。2年間で数百万人の餓死者を出した、このウクライナの大飢饉は、自然災害によってもたらされたのではなく、旧ソ連の意図的な方策による「ジェノサイド（大量虐殺）」であったということが、近年、欧米を中心とする国際社会に認知されるようになった。

＊2　オレンジ革命：2004年に行われた大統領選挙では、上位2候補者（与党のヤヌコーヴィチ首相と、

野党のユーシチェンコ前首相）の決選投票が実施されたが、与党候補勝利との結果発表に対して、野党側から不正の存在が指摘され、大規模な抗議行動に発展。ウクライナの最高裁判所は投票のやり直しを命じた。その結果、野党のユーシチェンコ候補が勝利し、２００５年１月に大統領に就任した。野党支持者が、オレンジ色をシンボルカラーとしたことから、この一連の動きは「オレンジ革命」と称される。

タジキスタン◆Tajikistan

●面積：約14・3万㎢
●人口：700万人
●民族：タジク系80％、ウズベク系17％
●宗教：イスラム教・スンニ派（タジク系の間で優勢）

文化的にはロシアよりもアジアに近い

高橋ナイリャさんは、夫の仕事の関係で2005年から08年までタジキスタンの首都、ドゥシャンベに滞在した。ナイリャさんの出身国は、タジキスタンの隣国ウズベキスタン。タジキスタンは元来ウズベキスタンと同根で文化的に共有している部分が大きいため、3年間の滞在中も母国に住まうような感覚で過ごせたという。

ナイリャさんはウズベキスタンの大学（経済学部）[*1]に在学中、2年間ロンドンへ留学し、語学力に磨きをかけた。卒業後はウズベキスタンの外務省に入省し、その後在コーカサスの米企業に6年間勤務。以後フリーランスとなり、アジア開発銀行、世界銀行、欧州復興開発銀行（EBR

D）、国際連合食糧農業機関（FAO）等の国際組織でキャリアを積んだ。現在は東京をベースにロシア語・英語の通訳、翻訳者として活躍中だ。

「タジキスタンは政治的には、長くソ連邦の枠組の中にあり、現在も経済面でロシアとの結びつきが強いが、文化的にはアジアの文化に通じる部分が多い」とナイリャさん。特に、年配者を敬う姿勢や、相手にものを伝えるのに直言を避け、言葉を選ぶ点。温柔で、家族や地域社会との結びつきを大切にする考え方などに、そうした傾向が感じられるという。ナイリャさんは、仕事でモスクワに滞在したこともある。ロシア語を完璧に話せ、コミュニケーション上はなんら問題がないだけに、すんなりと暮らしになじめるかと思ったが、現実は違った。直球でメッセージを伝え、時に強く主張しなければならないという状況に戸惑い、むしろ自分が育った文化とは異質なものを感じたという。

国土の大半が山岳地帯

タジキスタンでは、独立直後の1992年から97年まで続いた内戦により、6万人もの人々が命を失った。[*2] 内戦終結から10年以上経たものの、疲弊した経済状況が好転するには至っておらず、現在も旧ソ連の共和国中の最貧国に位置づけられる。国土面積（日本の約40％）の7～8割が山岳地帯であり、耕地面積が非常に少ないことも貧困につながる一因である。

内陸国で海をもたないタジキスタンの人々は、古来、山から得られる食料や資源を生かして生活してきた。各種の山菜やきのこは貴重な食材。特に、きのこは〝山の肉〟と呼ばれるほどで、肉ときのこが同等の価格になることもある。

地縁・血縁の堅固なつながり

タジキスタンの人々が地域社会を大切にする例として、ナイリャさんは「引越しパーティ」や「ラマダン明け後の（新婚夫婦による）パーティ」を挙げる。

新しく越してきた住人は、地元の人々に招待状を送り、挨拶代わりのパーティを催すのが通例。パーティ当日は、表の門や扉を開放して歓迎の意を表する。開け放たれた門を見たら、招待状をもらった人でなくても訪問してよいことになっている。

「ラマダン明け後のパーティ」とは、断食期間が終わった後の3日間、その年に結婚したばかりの夫婦が親戚縁者を招くもので、イスラム教の伝統に則り、新郎は男性客を、新婦は女性客をそれぞれ別室でもてなす。開催中の3日間は、メインテーブルの料理をきらさない。新婦は2時間毎に客間に挨拶に現れるのだが、その都度衣装を替えるのがしきたりである（タジキスタンでは、

高橋ナイリャさん

娘が生まれると、将来のパーティに備え、毎年衣装用の生地を買いためていく）。

最近は恋愛結婚をするカップルも増えてきているが、結婚は本人同士の意思だけで決められるものではない。大抵の場合、親戚の誰かが相手の在所まで出向き、近所の住人に当人や一家の評判をさりげなく尋ねて、婿（嫁）にふさわしい人物どうかを確認する。子どもの頃からコミュニティの人々としっかり関わっているかどうかが、結婚に際しても重要なポイントとなる。

近所にひとり暮らしのお年寄りがいれば、なにがしかの料理を届けるのも日常茶飯事である。タジキスタン人の平均的な子どもの数は3人。おじ、おば、祖父母世代との同居[*3]も珍しくなく、それだけの大家族であれば、調理する量もそれなりに多い。その中の一部を取り分けて、ひとり暮らしのお年寄りに届けるのはごく自然な行為で、見返りを求めるような心情はさらさらない。それを受けるお年寄りも、心理的な負担を感じることはなく、「ありがとう」の思いをその都度伝えるだけである。こうした「料理のおすそ分け」は、子どもたちの役割だ。子どもは日々の実践によって年長者を敬い、大切にする伝統を学び、お年寄りに感謝されることで、誰かの役に立ち、喜ばれる幸せを知る。

タジキスタン人のホスピタリティは、イスラム教の教えによるところが大きい。「客人は神からの贈り物」とされ、来客があれば、家中でいちばんよい場所に座ってもらい、いちばんのご馳走を供する。〝たとえその客が敵方であったとしても、家にいる間は厚く遇し、決して危害を加えない〟のがタジキスタンの倫理だ。「客人が遠来の外国人であればなおのこと。二倍のホスピタリティでもてなすでしょう」とナイリャさん。

隣接するアフガニスタンの情勢が及ぼす影響も無視しえず、外国人観光客が安心してタジキスタンを訪れられるようになるまでにはまだ時間が必要だが、山国ならではの景観、特にパミールの山並みの織りなす風景などは一見に値する。

パミール高原の山々（撮影：高橋ナイリャ）

タジキスタンの主要産業は綿花、アルミニウム、そして（山がちの地形を活かした）水力発電だが、現在建設中の国内2基目のダムが完成すれば、さらなる電力の輸出も可能となるため、その経済効果が期待されている。

＊1　ウズベキスタンとタジキスタン：1924年、中央アジアの民族・共和国境界画定により、ウズベク・ソヴィエト社会主義共和国内に「タジク自治ソヴィエト社会主義共和国」が成立。5年後の1929

年にウズベク共和国から分離し、「タジク・ソヴィエト社会主義共和国」に昇格した。1991年8月、ソ連邦の解体により、それぞれ「ウズベキスタン共和国」「タジキスタン共和国」に国名変更した。

＊2　1992～97年の内戦：1992年、旧共産党勢力とイスラム勢力を含む反対派の対立により内戦が勃発。1994年に暫定停戦合意に至り、国連安保理は国連タジキスタン監視団（UNMOT）を派遣。その後も断続的に戦闘状態が続き、1997年に最終和平合意が達成された。1998年7月には、UNMOT政務官として日本政府からタジキスタンに派遣されていた秋野豊氏を含む4人のUNMOTメンバーが、首都ドゥシャンベ東方の町ラビジャール付近で襲撃され、殉職した。

＊3　タジキスタンの家族構成：タジキスタンには、一番下の息子が両親の家に最後まで留まり、家督を継ぐ伝統がある。息子が3人いるならば、長男がまず結婚して、その妻が主婦となる。次男が結婚すると今度は次男の妻が家を取り仕切り、三男が結婚すると、主婦の座は最終的に三男の妻へと移る。長男、次男は経済的に余裕があれば独立して別に一家を構えるが、独立せずに引き続き同居する場合もある。その場合、三男夫婦以外の大人は、農作業に出たり、実子や甥姪たち（あるいは孫たち）の面倒をみるなど、それぞれに持ち場をみつけて働く（息子がなく、娘がいる場合はケースバイケース。娘の結婚相手が三男であれば、娘はそちらに嫁ぐこととなり、三男以外であれば、こちらに婿入りしてくれることもある）。

※タジキスタンは地理的には中央アジアに位置するが、旧ソ連新独立国家（NIS）諸国の一国として、本書ではヨーロッパの章に含めた。

スウェーデン◆Sweden

●面積：約45万㎢
●人口：950万人
●民族：北方ゲルマン系スウェーデン人
●宗教：福音ルーテル派が多数

文化バリアーなくオープンな国

在日スウェーデン企業、ガデリウス社に勤めるKさんは、かつてストックホルムに赴任していた。滞在中に実感したことの一つは、スウェーデン人の公私の切り替えの明快さだ。アフターファイブに連れ立って一杯といった発想はなく、気の合った同僚とはむしろ週末に家族ぐるみのつきあいをする。

夫婦共働きが95％と言われるスウェーデン。終業後は学校に子どもをピックアップに行く者あり、フレックス制を利用して朝7時に出勤し、午後3時過ぎに仕事を切り上げる者あり……といった具合で、めいめいがさっと帰路につく。もともと外食はかなり高価なため、友人同士で気軽にレストランに行く習慣はほとんどない。

スウェーデン人とのつきあい

取引先とのコミュニケーションの場は主にビジネスランチだったが、時には夕食に招かれることもあった。冬は自宅への招待が中心。夏は庭先でバーベキューのもてなしを受けたり、テニスやゴルフ、ヨットと食事を組み合わせた〝スポーツ&ディナー〟である。

〝スポーツ&ディナー〟の場合、食事はいたってシンプルに、ホットドッグやサンドイッチ、缶ビールを用意し、ひと汗かいた後でそれを食す。

夏の陽光は北欧の人びとにとって大変貴重なので、ビジネスディナーでも、戸外の開放感を満喫しながら楽しみたいという心理がはたらくようである。

アウトドアでの夕食とくれば、相当リラックスした雰囲気なのでは、と想像されるが、実はそうではない。彼らが関心を持って耳を傾けるのは、仕事関係の話や業界の動向などの硬い話題で、「たわいのない話」で終始する会話はあまり好まれないのだとKさんは言う。

ストックホルム郊外の住宅（撮影：長井一俊）

欧米諸国では取引先とのディナーで仕事がらみの話をしないのが常識だが、スウェーデンはこの限りではない。

スウェーデンの企業の一つの特色は、そのオープンさである。社長の部屋も扉が常に開け放たれており、社員は気軽に出入りできる。また、上司と部下はファーストネームで呼び合い、役員会には労働組合の代表も出席する。技術開発など、企業秘密に関する事項を別にすれば、企業間でも社内の情報を公開するのは当たり前である。隠しごとをすれば逆に信用されないようなビジネス風土がある。

開かれた社会

スウェーデン社会には文化のバリアーがないと言われる。もとより人口が1千万人に満たないこの国が発展していくためには国外市場の開拓が必須だった。

実際、売り上げの8割以上を国外市場に依存している企業が多い。こうした事情を反映してか、外国語の学習も盛んで、英語に加えもう1、2の言語を自在に操る人も珍しくない。

また、外国人のためには、政府がスウェーデン語の学習の場を提供しており、ビザの種類によっては授業料が免除される。

商社マンの夫に伴い5年間をストックホルムで過ごした松井敬子さんは、スウェーデン語の学習を志し、この制度を利用して月曜から金曜まで1日3時間のハードなコースに通った。

クラスメートはボスニア、セルビア、ロシアの出身者で、みな内戦をくぐり抜け新天地スウェーデンにやってきた人たちであった。

こうした措置からは、スウェーデンの外国人への〝敷居の低さ〟が感じられる。だが、スウェーデン人は他人に干渉すること、されることを嫌う。生活に慣れない外国人に対しても、あれこれ世話を焼いてくれることはない。つまり、各自が「独立独歩の精神」をもっている社会なのである。

スウェーデン語のクラスメートとタンポポの咲く野原で（左端が松井敬子さん）

フィンランド◆Finland

●面積：33・8万㎢
●人口：540万人
●民族：フィン人（最大多数派）、サーミ人、ロマ人、その他外国人（ロシア人、エストニア人など）
●宗教：福音ルーテル派（国教）

裏表のないフィンランド人

フィンランド語の講師や通訳・翻訳、ＴＶ映像の翻訳などで幅広く活躍中の山川亜古さんは、子ども時代から北欧に関心を抱いていたという。東海大学でフィンランド語を学ぶと、フィンランド政府の外郭団体・ＣＩＭＯの奨学生として、１９９６年にヘルシンキに渡った。

フィンランドの「個人主義」

山川さんが、フィンランドでの留学生活を通じて特に感じたのは、フィンランド人の「個人主義」であった。他人がすることについて、いちいち干渉しない。そのため、周りの目を気にして、行動を萎縮させる必要もない。

日本では、何か思い切ったことをしようとすると、周囲からまず否定的な反応を受けることが多い。「それは無謀ではないか」「年齢的に無理があるのではないか」「それがどう将来につながるのか」「失敗したらどうするのか」など。しかし、フィンランド人はいたって前向きだ。山川さんが何か志を抱いて、知人に打ち明けると「やってみればいいのでは？」「失敗したらその時はその時」といった反応が返ってきたという。彼らのこうした姿勢に背中を押されるように、山川さんは、留学中もひとところに留まることなく、ヘルシンキ大学（フィン・ウゴル語）から中部都市のオウル大学（文化人類学）へ移籍、さらにノルウェーのサーミ大学（サーミ語）にも1年留学……と、積極的に学問の領域を広げることができた。

「個人主義」には、別の側面もある。行動の結果は自分ですべて引き受けなければならず、責任が常についてまわるのだ。身近な例でいえば、大学内の掲示板に「○月○日の○時限、○○先生の授業は、休講になりました」、あるいは「いついつに変更になりました」という小さな張り紙がしてあったとしても、学友が「そういえば、あの掲示見た？」と言葉をかけてくれることはない。休講と知らずにいつもどおり教室に行ってしまっても、補講日を知らないままで授業を受けられなくなっても、「あら、一言教えてあげればよかったわね。ごめんなさい」などといった言葉をかけられることはない。掲示を見なかった自分が悪いのである。

また、日本的に「相手の心情を慮って、自分の思いや行動を抑える」こともない。一例だが、日本では友人を誘ってどこかへ行くことになったとき、「あの人、来てくれるといったけれど、本当は忙しいのに、無理をしているのではないか。本当は別の場所に行きたかったのではないか」などと、つい言葉の裏を考えてしまう。しかしフィンランドの学友たちは、グループで出かけていても、つまらなくなったら、「私帰るわね」と別行動をとったりする。自分の思いに逆らって相手に合わせようというところがない。協調性が求められる日本の文化に慣れ親しんだ者として、山川さんは当初この率直さには驚いたものの、そのうちに、彼らのオープンさや裏表のない態度が逆にすっきりと、心地よいものに感じられてきたという。

「個人主義」とは、あくまで「干渉しない」「個々人の行動を尊重する」という意味においてであり、こちらから助けを求めれば、彼らは見返りを一切望まずに、できる限りのことをしてくれる。

山川亜古さん：オウル在住の留学時代の友人宅にて。テーブルには手作りのフィンランドの典型的なリンゴンベリー（コケモモ）パイ

居心地のよい室内空間

北欧の冬は夜が長い。山川さんも、留学して最初の冬には太陽が恋しく感じられたりもしたが、じきに慣れていったという。最近は日本で、北欧の家具やインテリアが注目を集めているが、北欧家具のデザイン性が優れているのは、冬の間、長時間を室内で過ごす彼らが、少しでも快適な空間を——と知恵を絞ってきた賜物である。フィンランドでも、家具はもちろん、光の使い方、特に間接照明に工夫を凝らし、温かい居住空間を作り出している。

見るべきところの多いフィンランドの教育

フィンランドでは室内で過ごす時間が長いためか、読書を愉しみとする人が多い。図書館の利用率はかなり高く、文学書が充実している。子どもの本にも良質なものが多くあり、子どもたちは、幼い頃から読書の習慣を身につける。寝る前に両親に「読み聞かせ」をしてもらっている子どもも少なくない。

近年ＯＥＣＤ（経済協力開発機構）が行った学習到達度テストで、フィンランドは欧米先進国や日本、韓国など進学競争の厳しいアジアの国々を抑え、世界一を獲得した。このため、日本でも「フィンランドの教育にヒントを得たい」という声が上がっている。

　山川さんは、「日本人は、自分たちよりも優れた相手に対して、すぐに〝ヒントは何か〟〝いいものを取り入れて改善しよう〟と反応するが、ことはそんなに簡単なものではない。ヒントは、フィンランドの土壌そのものにある」と分析する。

「少ない国民人口ゆえに、人材こそが国の財産という考え方が徹底していて、大学まで学費は無料。少人数制で行き届いた教育。暗記が少なく、常に考えて書くことを求められるテスト。前述のように、本を読み、調べる習慣も浸透している」

「フィンランドでは、幼少時のしつけは厳しくはなく、ホームパーティでも子どもたちは元気に走り回る。このまま大きくなったらどうなってしまうのか……と思いきや、成長すると、常識ある落ち着いた大人になるから不思議だ。自我を抑えつけないで育てるので、成長してから鬱屈することがないのでは？　日本では全く逆で、昨今の事件を見ていると、成長の過程で抑えつけられたものが、大人になってから爆発しているようにも思える」と語る。

初秋のヘルシンキ。中央駅近くのショッピングセンター前に移動遊園地が設置された夕暮れ（撮影：山川亜古）

デンマーク◆Denmark

●面積：約4・3万㎢（グリーンランドとフェロー諸島を除く）
●人口：560万人
●民族：デンマーク人
●宗教：福音ルーテル派（国教）

チクリと相手を刺激〜風刺の文化

九州とほぼ同じ広さの国土に約560万人が住む国、デンマーク。全国でデンマーク語が話され、自然な形で「国民意識」が形成されている。世界中の多民族・多言語国家が抱えるような苦悩とは無縁といってよい。また、ほかの北欧諸国と同様、高福祉国家で大変民度が高いといわれている。

デンマーク在住歴40年の田口佑三さんにお話を伺った。

田口さんは、東海大学で機械工学を専攻した後、同大学で助手や講師を務め、1973年に在デンマークの「東海大学ヨーロッパ学術センター」の職員として赴任した。1975年、デンマーク人女性との結婚を機に退職。デンマーク工科大学でさらに学んだ後、大手造船会社Burmeister & Wain Shipyardを経て、1987年にデンマーク空軍・物資調達課に転職——という経歴のもち主だ。

「積極性」と「自立精神」

田口さんの経験から、デンマークで必須な要件は、何よりも「積極性」と「自立精神」であるという。

例えば、入社時には、日本なら研修やオリエンテーションがあり、新入社員は先輩の指導を受けながら職務を覚えていく。また、職場では、チームワークを重んずる意識から、自分が突出するのをきらって、自己主張を抑えることもある。だが、デンマークでは個人主義が徹底しており、遠慮や他人への甘えは禁物。会議でも、自分の意見が言えないようでは周囲に認めてもらえない。

田口さんも現地で就職した当初から、「新人」としてではなく、独立した1つのポストの責任者として扱われ、誰を頼ることもできなかった。分からないことがあって課長や部長に尋ねると、「私はこうしてきたが、君は君で考えなさい」とアドバイスはくれるものの、最終的な判断は田口さんに委ねられた。座していたのでは、誰も何も教えてくれない。田口さんは、空軍での最初の10年間は手探りで色々な部署にコンタクトし、職務上の知識やノウハウを獲得していった。「自分の職責をしっかり果たしていけば、認められ、受け入れられる。外国人だからといって特別視されることは全くなかった」という。

対等な人間関係

デンマークでは、古いしきたりのある一部の大企業を除けば、組織内に上司・部下の縦の関係がなく、おのおのが対等に接し合っている。軍隊といえば、上官の命令は絶対というイメージがあるが、田口さんの所属している部署では、みな上下関係を意識せずに働き、廊下で軍の高官とすれ違ったら、ごく普通に「こんにちは」と挨拶を交わす。

デンマーク語の二人称には尊敬語と普通語の2種類があるが、上官に対しても普通語の〝du〟（日本語の「きみ」に相当）を使って差し支えない。

「対等の意識」は、家庭においても同じで、夫婦は家事・子育てを共に担う。デンマークでは夫婦共働きが普通で、田口さんのリ

夏の休日、自宅のテラスで食事を楽しむ田口佑三さん一家。（左から田口さん、長女リセッタさん、リジー夫人、長男トーマスさん）

ジー夫人もソーシャルワーカーとして働いている。そのため、田口家では早く帰宅した方が夕食の支度をする。

対等な関係は、夫婦間だけでなく、親子の間でも同じである。例えば、子どもたちは両親を名前で呼ぶのが普通だ。田口さんの2人の子どもも幼いときから夫妻のことを〝Yuzo〟〝Lizzi〟と呼んできた。

また、親は子どもの人格を尊重し、過ちを正すときは、冷静に根気よく言葉で諭さねばならない。子どもが言うことをきかないからと、怒りにまかせて手を上げたりしたら、デンマークでは犯罪とみなされる。

サンクト・ハンス祭（毎年6月24日にデンマーク各地で行われる夏至祭）：厄除けを祈願して、中央の魔女の人形を燃やしたり、音楽の催しを楽しんだりする。（撮影：田口佑三）

デンマークの風刺文化

デンマークには「風刺の文化」があり、日常の会話においても、ユーモアや皮肉たっぷりにその場にいない第三者のことをあてこすったり、目の前の誰かに皮肉を言って、相手の気持ちを刺激したりする。

田口さんが最初にデンマーク人の風刺に接したときは、ドキッとして、風刺の内容が本当なのか、嘘なのか……紙一重のようなぎりぎりの危うさを感じたそうだ。デンマーク人の風刺は本来悪意のないものであるが、これをまともに受けとめ、激昂したりすると、人間関係が壊れかねない。

実は、2005年にデンマークの風刺画が物議を醸してしまったことがある。デンマークの大手新聞社、モーゲン・アビィス ユランド・ポステンがイスラム教過激派のテロリストを風刺して、ターバンにダイナマイトを巻きつけた絵を掲載し、トルコとイランの駐デンマーク大使館が抗議を申し入れる事態となってしまったのである。デンマークはキリスト教国だが、国内にはトルコ系住民や、戦火を逃れてきた旧ユーゴスラビアからの移民、アフガニスタンからの移民など、イスラム教徒も居住する。ターバンにダイナマイトの風刺画は、彼らの神経を逆なでしてしまったのだ。風刺はデンマーク固有の文化ながら、多様化する社会、価値観の中で軋轢が生まれている現状もあるようだ。

〝ヒュッケ〟志向

〝ヒュッケ〟というデンマーク語がある。英語の〝cozy〟に近く、「心地よい」「くつろいだ」

といった意味合いだ。デンマーク人はこの〝ヒュッケ〟を信条とし、休日にはのんびりと楽しむ。デンマークでは、多くの人が「サマーハウス」を持ち、週末や長い休みをそこで過ごす。また、自宅に友人を招いたり、招かれたりという交遊も多く、夜になっても明るい夏は庭でバーベキューに興じる。

日暮れが早い北欧の冬は憂鬱になりがちだが、室内にろうそくを灯して目にも暖かい空間を作り、客人を迎える。おもてなしのキーワードはやはり〝ヒュッケ〟。ワインを飲み、料理を食べながら、深夜12時、1時くらいまで語り合う。ゲスト側があまりおそくならないうちに引き上げようと気を遣ったり、ホスト側が「おそい時間まで居られて迷惑」という心情に陥ることもない。時間の過ぎゆくままに、互いにゆったりと、心おきなく楽しむのがデンマーク流なのだ。

アイスランド◆Iceland

●面積：10・3万㎢
●人口：31・8万人
●民族：ノルウェー人及びケルト系（アイルランド人・スコットランド人）の移住者の子孫
●宗教：福音ルーテル派（国教）が約8割

絶海の孤島の中で生まれた〝生〟への強い意志と覚悟

伊藤盡《つくす》さんは、1991年、慶應義塾大学の大学院生時代にアイスランド政府の奨学金により留学した。日本からアイスランドへの留学は、1969年、現在も同国に在住のソルザルソン美也子氏に始まり、その後しばらく続いたが、1980年代に一旦途絶えていた。伊藤さんの留学が呼び水となったのか、その後、途切れなく毎年留学生がアイスランドの地を踏んでいる。

伊藤さんの専門は英語学である。英語の歴史を研究する中で、約1千年前の英語と20世紀のアイスランド語が似たような文法構造をもった言語であること、英語の基本語彙や文法構造が北欧言語の影響を受けている点に着目した。アイスランド人の祖先は、9世紀末から10世紀にかけて

留学時代の伊藤盡さん（右端）：アイスランド人・キャルタン氏と結婚した故稲葉隆子氏（左端）の家庭に招かれた折に。左隣の女性は、文中にも登場するソルザルソン美也子氏。

アイスランドに移住したノルウェー人と、アイルランドやスコットランドからの自由移民及び奴隷（〃バイキング〃による捕虜）により構成されたと一般的に言われており、その後、他地域からの人口流入はほとんどなかったとみられている。こうして北欧語を話す人々が絶海の孤島に育んだアイスランド語は、現在まで大きく変化することなく、脈々と受け継がれてきた。アイスランドは、英語学の研究者にとっては、いわば中世の英語の足跡に直接触れることができる大変貴重な地なのである。

　留学先のアイスランド大学では、アイスランド語を徹底的に学んだ。「21世紀の今は、社交的な人も増え外国滞在経験者も増えた。人口がたった三十数万人の国ゆえ、数十人単位で増えても国民の中での割合は高く、すぐにいろいろな影響を与える。だが、私が留学した頃は、まだ伝統的な寡黙なアイスランド人が多かった。アイスランド人はおそらく、国民的に言語の才にあふれた人が多いと思うが、日本と同じ島国なので、外国に対してある種の嫌悪感とまで言わないまでも、〃自分たちとは違うモノ〃という感覚がある。ましてや、私の日本人的な外見は、90年代初頭では、非常に珍しいものだった」と伊藤さん。

その壁を乗り越えるため、伊藤さんは思いきって教会の合唱団に入ることにした。「最初はアイスランド語がまだうまく話せず、団員の中で思うように意思疎通が図れなかった。皆も、私がアイスランド語を学びに来たことを知っているので、英語で話そうとはしない。私自身も英語で話したら負け――のような思いがあり、英語を忘れるくらいにアイスランド語に没頭した」

余暇には、2人の老人が経営する古書店に足繁く通ったが、この店が伊藤さんにとって、何とも心穏やかな学びの場となった。店主の1人はアイスランド語しか話さず、もう1人は訛りのきつい英語を少し話せた。その古書店で、ほぼ毎日のようにコーヒーをご馳走になり、クネッケルというパンをいただきながら、たどたどしいアイスランド語で少しずつ話していった。老人の話すアイスランド語はゆっくりで、若者の言葉よりもはっきりと聞きとれた。

厳しい自然環境と〝辺境感〟

アイスランドは日本と同じ島国であり、アイスランド人には〝島国根性〟的な性向も見受けられるが、日本と決定的に異なるのは、アイスランド社会が〝超個人主義に基づく村社会〟であるという点である。最近の首都レイキャヴィーク周辺では密集した住宅地も見られるものの、アイスランドでは伝統的に家と家との距離が離れており、国民性としては、誰も住まないところに一軒家を建てて、そこに住むことを厭わない気風が根底にある。その一方で、むしろ、そのようなところだからこそ、困っている時には助け合うことも厭わない。たったひとりになっても生きていく独立心、あるいは最終的に頼るべきは自分だけという信念に基づきながら、それでも助けがなければ生きていけない自然環境のもとでは、他人に助けられること、他人を助けることはお互いに必要であると認識しているのだ。

いわば〝どんな雪道でも独力で歩くが、行き倒れている人がいたら助ける〟という感覚。日本のような、食べ物が豊かに実る温暖で優しい自然環境の村社会とは異なり、厳しい自然環境の中で自ずから生まれた〝生きていくこと〟への強い意志と覚悟が備わっている人々が作った共同社会といえる。

冬の厳しさについては、スカンジナビア半島の国々も変わりはないが、スカンジナビア諸国と決定的に違うのは、どんなにあがいても、海を越えない限り、世界とはつながれないという孤立感、辺境感である。伊藤さん自身、四方に誰もいないアイスランドの野にひとり佇み、「今、自分にもしものことがあっても、その知らせが日本に届くまでには1週間はかかるのでは?」と腹の底からこみあげるような感覚をもったことがあったそうだ（同じヨーロッパの島国でも、英国は

〝名誉ある孤立〟を標榜し、大陸を離れているからこそ客観的な物の見方ができるのだと自負する。そこにはアイスランド人が抱えるような〝辺境感〟が漂うことはない)。

アイスランドでは、人間が自然の影響を受けながら生きる存在だということが、言葉ではなく身体の芯からわかる。アイスランドの大地はまだ若い。火山活動が活発で、地震、噴火などに見舞われる頻度も高く、間欠泉や温泉の源泉などを国土の至るところで目にすることができる。滝の数も多い。天気が一日の間に、晴れ、雨、雪、雹……と次々と変わることも珍しくない。アイスランドの人びとは、北海道よりやや広い国土の中で、そうした大地のエネルギーを間近に感じて暮らすのである。

アイスランドでは風がめっぽう強い。強風の中を歩くためには、おなかに力を入れねば、吹き飛ばされてしまう。誰もが、「歩く」というごく日常的な動作ひとつとっても、のんべんだらりとは生きていけないのだ。伊藤さんは、おなかに力を込めると同時に、目線を高く、背筋を伸ばして、堂々と歩くよう心がけた。それは「お互い一人の人間としてここに存在する」という感覚につながり、自分は何人であるとか、日本ではどこに属していたといった意識を忘れられるようになった。ある意味、精神的に脱皮したような実感を覚えたそうだ。

アイスランドの〝サガ〟

アイスランドには〝saga〟（サガ）呼ばれる口誦伝承に基づく文芸があり、世々人々に受け継がれている。「〝saga〟を一言で訳すのは難しく、歴史、小説、物語など全てを含意している。〝saga〟の語源は英語の〝say〟やドイツ語の〝sagen〟などと同じゲルマン語に遡る。〝おはなし、ものがたり〟という日本語が一番しっくりくる」と伊藤さん。

サガにはいろいろな種類があるが、中でもアイスランド人になじみが深い「焼き討ちされたニャールのサガ」の一部はこんな展開だ。

アイスランドの首都、レイキャヴィークの風景。9月の中旬、アイスランドの夏の終わりを漂わせる最後の青空（撮影：伊藤盡）

10世紀の終わりに生きた英雄グンナル（実在の人物）は、ニャールの親友で、誇り高く、強く、太っ腹で、懐の広さをもった男。様々な敵と戦う過程で人を殺めてしまい、3年間の国外追放の罰を宣告される。グンナルは裕福な土地持ちで、海外の王様の庇護も受けられる立場にあったが、国を離れることには最後まで躊躇があった。しかし、「3年我慢すれば、また戻ってここに住み続けられるのだから」というニャールの説得を受け、国外に出るべく港に向かう。その途中、乗っていた馬が急に躓いたため、下馬して馬の体勢を立て直そうとしたグンナル。手綱を引きながら、ふと来た道を振り返ると、そこには住みなれたアイスランドの農場と自然の美しい風景が広がっていた。「自分は、やはりこの地を離れることはできない」との思いに突き上げられたグンナルは、踵を返して、アイスランドに留まる覚悟を決めた。〝outlaw〟という言葉がある。日本語では「無法者」と訳されることが多いが、本来は「法の保護の外にある者」を指す。グンナルは、3年間の国外追放を受け入れなかったがために〝outlaw〟〈誰かに危害を加えられても、加害者が法によって裁かれない立場〉に置かれ、結果、恨みを抱く敵に命を奪われることになる。

アイスランド人は、誰しも幼い頃からこの物語に親しみ、国外追放の身となっても国を離れられなかったグンナルの心情に自分自身を重ねる。「それは、最終的には自分たちの住む場所として、アイスランドこそ世界で一番素晴らしい国だという確たる思いです」——伊藤さんはそう言葉を添えた。

北中南米

カナダ

コスタリカ

ニカラグア

アルゼンチン

ウルグアイ

カナダ◆Canada

●面積：998・5万㎢
●人口：3，450万人
●民族：200以上の民族。（英・北米・仏・英仏以外の欧州出身者が全人口の約8割）
●宗教：カトリック（全人口の約43％）など

「モザイク社会」のカナダ

公認会計士の山口洋《よう》さんは、米国公認会計士やカナダ勅許会計士（Chartered Accountant）の資格も持ち、日本、米国、カナダで会計、監査、税務、経営コンサルティング業務に従事してきた。中でも長期間を過ごしたのがカナダで、駐在年数は、西のバンクーバーに3年、東のトロントに10年と計13年間に及ぶ。所属先は東西で異なるが、いずれも国際会計事務所であったので、組織の構造も仕事のやり方も日本企業とは全く違い、それゆえ、カナダ社会やカナダ人の価値観をよりストレートに感得することができたという。

達成率より創造性

カナダでは高校まで義務教育で、受験に日本のような厳しさはないのだが、社会人になっても競争心が相対的に低く、ビジネスにおいて、しのぎを削ってライバル会社に差をつけようという切迫感はない。サービスを供給する側としては楽だが、逆の立場になったら、ボロボロのサービスに満足しなければならない。

カナダ人部下を持つ身であれば、時間管理についてストレスを抱えることも多い。山口さんも、仕事を指示して期日までに完成されることがほとんどない状況に業を煮やした経験がある。他の経営陣と話し合って、締め付けを厳しくしようとしたところ、「カナダ人にはそういうdiscipline（規律概念）がない」という反論が返ってきて、さすがに驚いたという。

山口洋さん夫妻（1990年、スカイドームと呼ばれる球場のプライベートルームで野球観戦）

経営力は人的な面から、次の公式で表わせる、というのが山口さんの持論だ。［達成率×創造性＝経営力］（達成率は定められたことをどの程度成し遂げられるか、創造性は新しいアイディアをどの程度出すことができるかを表わす。）山口さんは、「一般的にカナダ人は達成率が低く、創造性が高い。日本人は逆に達成率が高く、創造性が低い」と言う。

前述のケースで、日本人ボスが「次回は期日に間に合うようにエンジンをかけるだろう」と期待してもその思いは届かない。カナダ人部下からは、「ウチのボスは、作業時間を短縮させるためのアイディアも何も出してこない」というふうに懐疑的な目を向けられてしまうであろう。知識偏重の教育を受けてきた日本人が、発想の豊かさを求められたとしても、一朝一夕になせるものでなく、それは彼らの「達成率」を向上させるのと同様に難儀なことである。

カナダでは、小学校の教育段階から、議論をし、考えるというレポート様式の授業によって鍛えられている。議論は理詰めであり、会議では〝why〟という言葉が飛び交う。山口さんは当初、yes/noをはっきり意思表示するところから始め、徐々にレベルの高い議論に加われるようになっていった。

別れはドライに

人間関係をつくるのに、カナダには〝ドライ〟な空気が存在する。こちらが異邦人だから相手に心理的距離を感じるのかといえば、そればかりではなく、カナダ人同士でも、相手の心の敷居をまたぐような深いつきあいはしないのである。フレンドリーでないという意味ではない。知り合えばすぐに仲良くなる。隣人もすぐに受け入れる。学校には転校生へのいじめもない。しかし去る人に対しては、さっぱりとしたもので、別れを惜しむような湿っぽさはない。

これは、カナダが開拓者社会であったという歴史に根ざすのではないか、と山口さんは分析する。開拓時代、人が移動するのは当然のことで、現在でもカナダ人が東から西へ、西から東へ、仕事や生活の本拠を変えるのは珍しくない。転職も当たり前と考えられているお国柄だ。

プリンス・エドワード島にある赤毛のアンの家
(撮影：山口洋)

「人種のるつぼ」と呼ばれる米国では、多民族が融合し、「アメリカ人」としてのアイデンティティを共有することが理想とされるが、カナダでは移民がそれぞれの言語や文化、価値観を維持するよう奨励され、二重国籍も容認されている。多民族が混ざり合って一つの色を織りなすのでなく、個々が元来の色を残しつつ共存しようという考え方だ。カナダが「モザイク社会」と言われるゆえんである。その一つのあらわれが言語能力であろう。2カ国語主義をとるカナダでは、英語・フランス語はできて普通。そのほかに出自民族の言語（例えばイタリア語や中国語など）を操る人が多い。異文化に対する許容度も高いといえる。

しかし、カナダ社会の中核をなしているのは、依然英仏系の人々で、日本人が（日系企業の後ろ楯のないところで）能力を発揮し、同じ土俵で勝負してゆくのは決して容易なことではない。

「日本人は過当競争をし、互いに高度になっていく。ビジネスにおいても、微に入り細に入り不必要なサービスをしすぎるきらいがある。一方、カナダはサービスにおいては大雑把、生産する商品は大きくて頑丈だが、機能性に欠ける。カナダ式になじむと、日本は特異な国に思われる。彼らの大雑把さは時間が経てば変化してゆくものではなく、不変的なもの」――山口さんは、日本とカナダの根本的な違いをこう語った。

達成率と創造性の問題といい、越えられない溝を越えて両者が噛み合うには、こちらにも相当な意識転換と努力が必要であろう。

コスタリカ◆Costa Rica

●面積：5・1万㎢　●民族：スペイン系及び先住民との混血95％、アフリカ系3％、先住民他2％
●人口：470万人　●宗教：カトリック（国教）

「プラ ビダ！」の精神で、しなやかに、前向きに

中米一安定した民主主義国といわれるコスタリカは、九州と四国を合わせたほどの国土をもつ。太平洋とカリブ海に面し、自然の魅力にあふれた国だ。治安の良さもあって、海沿いのリゾート地を訪れる外国人も多い。

理学療法士の元持幸子さんは、２００６年から08年までの2年間、ＪＩＣＡの青年海外協力隊員として、コスタリカのサンイシドロ・デ・ヘネラル・ペレスセレドン市に滞在した。同地は、コスタリカの首都サンホセから車で3時間ほどの距離にある地方都市で、高地にあるサンホセとは違い、年間を通じて半袖で過ごせるような温暖な土地柄だ。赴任先は同市周辺に1つしかない

公立総合病院で、元持さんはコスタリカ人の2名の理学療法士と共に、患者のリハビリテーションに従事した。

着任した元持さんが最も重視し、同僚にも働きかけたのは、患者の置かれた状況を踏まえて治療計画を立てることだった。「病院でのリハビリテーションは、医療の現場と生活をつなぐもの。各人に最も適したリハビリ方法を考えるためには、患者さんの生活環境をよく知ることが必須」と考え、一人ひとりの話を細やかに聞くことを心がけた。

コスタリカ人の辛抱強さと〝何とかなるさ〟の精神

コスタリカは常備軍を保有していない。軍事費の代わりに教育・医療面に多くの国家予算を割いているため、国民の教育費・医療費の負担は、公立学校・公立病院に関してはゼロである。元持さんが勤務した公立病院には、近隣ばかりでなく、遠方の村々から時間をかけてやってきた患者たちが、連日開院前から長蛇の列を作っていた。

コスタリカの人々はとにかく辛抱強い。病院もそうだが、バスを待つのも当たり前で、不平不満が出ることはない。日常生活のありとあらゆる場面で遭遇する不便さも意に介さず、「なんとかなるさ」と鷹揚に受けとめる。元持さんは、そうした彼らの特質を「自然の厳しさと対峙し、知恵とバイタリティでそれを乗り越えてきた彼らだからこそもち得る余裕なのでは」とみる。

元持さんによれば、「何とかなるさ」の精神を如実に表しているのが、〝プラ ビダ（Pura Vida）〟という言葉だ。英語に直訳すると〝pure life〟＝「純粋な人生」「素朴で自然な生活」という意味になる。同じスペイン語圏でも、他の中南米諸国では、コスタリカと同じような使われ方はしない。

〝プラ ビダ〟は、「こんにちは！」という挨拶代わりにも、相槌を打つときの言葉にもなる。さらには問題解決の決まり文句としても使われ、状況次第で意味が七変化する摩訶不思議な言葉だ。市場で売り手に客の入りを尋ねると、答えはきまって〝プラ ビダ〟。売り上げがよければ「最高だよ！」という喜びの表現となり、逆に客入りが悪い時は「ぼちぼちだよ」「まあまあかな」という意味になる。後者の場合は、言外に「まあ、気にせずにやっていくよ」という気持ちが込められている。

元持幸子さん（コスタリカに生息する美しい野鳥「トゥカーン」＝オオハシと共に）

辛い目にあった時も、〝プラ ビダ〟と発すれば、（自分に対してであれ、他人に対してであれ）「いいじゃないか」「しょうがないよ」「何とかなるさ」「前向きにいこうよ！」……と、くよくよせずに、人生を楽しんでいこうという思いが湧いてくる。

この言葉が生まれた背景については、一般に、「スペイン人入植後の抑圧された歴史の中で、肉体労働への忍耐強さが培われたことと表裏一体なのでは」「貧困に対するストレスを避け、生活していくための精神であったのでは」――という見方がされているそうだ。元持さんは、自身の経験を踏まえて「歴史的に多民族が入り交じって暮らす環境であったため、無用な争いごとを避け、平和や安定を築くために必要な精神だったのでは？　加えて、穏やかな気候がおおらかな国民性を育み、〝人生を大事に、ゆったりと暮らす方がよい〟と考える、この国特有の生活感を作り出しているのではないか」と考察する。

コスタリカの国情

コスタリカは治安・教育・医療など様々な面で水準が高い。学校教育は7時からと13時からの二部制ながら、就学率が高く、非識字率は5％以下である。国民の平均寿命は70歳代後半と高く、乳児の死亡率は低い。

元持さんは、「コスタリカの医療は〝死ぬ生きるの医療〟ではなく、それよりもステップアップした段階に達している」と言う。確かに、世界を見渡せば、国によっては、貧困による栄養失調や伝染病、内戦による重傷者の治療・看護など、常に死と向き合いながらの医療現場も少なくない。コスタリカには、たとえ数が限られているとはいえ、国民が平等に医療を受けられる無料の公立病院がある。そして、元持さんが従事した「リハビリテーション」の分野も、いわば怪我や病気の治療の次の段階に来るステップであり、ある程度余裕のある国でなければ対応ができるものではない。

コスタリカの社会問題といえば、産業・商業が首都に一極集中しており、地方の発展が遅れがちなことである。特に先住民、インディヘナの人々の生活水準が比較的低い。

コスタリカの代表的な農産物であるコーヒー豆、バナナ、パイナップルなどは、米国資本によって大規模農場で栽培されているが、栽培に携わるコスタリカ人労働者の待遇は低く、そこで生産される高品質な産物は彼らの口には入らない。

自然の美を生かした「エコ・ツーリズム」

コスタリカ人の生活を考える上では、発展のスピードが急速すぎ

活気あふれる市場の風景（撮影：元持幸子）

るのも問題だ。

「日本では、音楽の媒体がレコードからカセット、CD、MD、そしてMP3……と段階を追って進化していったものが、コスタリカではカセットから急にMP3にジャンプしてしまったようなもの。彼らが生活環境の急激な変化に対応するのは大変なことで、例えば、かつて食べ物をくるむのに使ったバナナの葉を地面に捨てていたのと同じ感覚で、プラスチックの容器をポイと捨ててしまったりする」――元持さんはそう実情を語り、さらに、次のように述べた。

「だが、コスタリカには、こうした発展の渦潮にのみこまれるばかりではない一面もある。近年、コスタリカの人々は、国中の多様で豊かな自然や伝統工芸など、身近なものに価値を見出し、誇りを抱き始めている。コスタリカ政府が〝エコ・ツーリズム〟に力を入れているのは、そういう意味で大変意義のあること。政府は、コスタリカが誇る自然を貴重な資源ととらえ、国立公園の入場制限を行うなど、〝自然の許容を超えない範囲で人間活動を行う〟という考え方を徹底させている。エコ・ツーリズムの目的も、単に旅行者が自然に触れることではなく、生活と自然のバランスの大切さを感じてもらうことにあるのです」

ニカラグア◆Nicaragua

●面積：13万㎢
●人口：580万人
●民族：混血70％、ヨーロッパ系17％、アフリカ系9％、先住民4％
●宗教：カトリック

初対面でも臆せず語り合う――〝share & enjoy〟の精神

西麻布のニカラグア共和国大使館で、アナ・パトリシア・エルビールさんは総領事を務める。夫は駐日ニカラグア大使のサウル・アラナ・カステジョン氏。夫婦が大使と総領事として同時に任命されるのは、非常に稀なケースとのこと。

1980年代に辛酸をなめたニカラグア

ニカラグアは、中米の一国で、北はホンジュラス、南はコスタリカと国境を接している。面積は約13万㎢で、北海道と九州を合わせた広さに相当。首都はマナグアに置かれている。

アナ・パトリシア・エルビールさん

エルビールさんは、元々外交官だったわけではない。ニカラグアの大学で社会科学を専攻した後、約10年間（1980年代）はNGOで活動していた。その後は国家公務員としてニカラグア教育省に勤務し、2007年に夫が駐日大使として赴任するのに伴い、総領事に任命された。

大学卒業後に所属していたNGO組織は「連帯・友情・平和のためのニカラグア・コミュニティ」といい（現在は存在しない）、エルビールさんはそこで海外との渉外活動を担当していた。当時のニカラグア情勢に触れると、1979年に「サンディニスタ革命」と呼ばれる政変が起こった後、革命政権は急速に左傾化し、国内で深刻な政治闘争が発生していた。1981年に発足した米国のレーガン政権は、ニカラグアの反革命勢力である「コントラ」（右派武装ゲリラ）を支援するなどして軍事的圧力をかけ、同時に徹底した経済封鎖を行った。その結果、ニカラグア経済はハイパーインフレに見舞われるなど大混乱をきたした。

「経済封鎖のダメージは半端なものではなく、ニカラグア国民は生活物資にも事欠く事態に陥った。例えば、薬も食料も衣服も、練り歯磨きすら手に入り難い状況が続いた」とエルビールさんは振り返る。エルビールさんが所属したNGOは、そうした困窮状態を国際社会に訴え、援助や経済投資などを促進してもらえるよう働きかけを行っていた。

1988年、政府・反政府勢力との間で暫定停戦合意が成立し、1990年2月には米州機構（OAS）の監視下で大統領選挙が実施された。この選挙で、親米保守派のチャモロ大統領が誕生。チャモロ政権は、民主化、経済自由化の大変革に着手し、米国も10年間に及んだ経済封鎖を解くに至った。だが、チャモロ政権の船出は〝破綻した経済〟という負の遺産を引き継いでのものであり、政権発足当時、ニカラグアは約百億ドルの累積対外債務を抱えていた。1人当たりの実質国民所得は、1978年の水準の半分にまで減少し、人口の31％が貧困状態に、23％が極貧状態にあったとされる。歴代の大統領が改善に努めてきたものの、貧困問題は現在も依然として深刻である。

ニカラグア共和国は、アジアでは日本と台湾*の2カ所に大使館を置いており、駐日ニカラグア大使館は日本のほかに、韓国やインド、フィリピンなどを兼轄している。NGO勤務時代、諸外国とのネットワークを広げた経験は、エルビールさんの総領事としての職務にもいかんなく発揮されている。結婚後、子どもたちを連れて米国の大学に留学し、教育学の博士号を取得したという経歴もあり、母国語のスペイン語の他に、流暢に英語を操る。

心に壁を作らない人間関係

「ニカラグア人は、出会って友人になるのに、さほど時間はかからない。ウマが合えば、とにかくよく話し、互いに自分の〝今のこと〟だけではなく、過去にどんなことをしてきたかも伝え合う。〝share & enjoy〟がモットーなので、こんなことまで話して大丈夫だろうかなどといった心配は無用。日本人は、その点、知り合って間もない内は、自分自身のことをあまり話したがらないようですね？」とエルビールさん。

人間関係の親密さは、挨拶時のスキンシップにも表れる。ラテンの文化に共通する部分が大きいが、女性同士ならば、初対面でも抱き合って頬にキスをし合う。女性と男性の場合は、女性の方が年長者であれば問題ない（男性同士は、基本的にハグはしない）。「ニカラグアに赴任した日本人は、こうした親密な挨拶に最初は戸惑うようだが、場数を踏んで自然にその所作を身につける人もいる。久しぶりに母国に帰って知り合いの日本人に再会した時、ニカラグア式の挨拶で迎えられるのはとても嬉しい」とほほえむ。

ニカラグアの青少年問題

さて、エルビールさんの前職がニカラグア教育省だったことは冒頭で紹介した。同省ではニカラグアにおける青少年教育の様々な局面に取り組んだが、エルビールさんが特に心を痛めてきたのが「家庭における養育放棄」の問題であった。

ニカラグアでは夫婦の間に平均3人の子どもが生まれる。経済的な理由から、結婚・出産後も働く女性がほとんどで、3世代が同居するのも一般的だ。「問題なのは、男性が父親としての責任を放棄してしまう事例が多くみられること」とエルビールさん。「人間としての基本的な価値観は、家庭でこそ培われるもの。その大切な家庭の太い柱であるべき父親が、家庭を去り、養育放棄をしてしまうのは由々しき事態」と語る。

「父親の責任放棄」には様々な背景があるが、一つの要因は「十代の妊娠」が大変多いということだ。他の多くのラテンアメリカ諸国と同様、カトリック教徒が主流のニカラグアでは、人工妊娠中絶は違法である。しか

ニカラグア湖の湖面とオメテペ島の火山
（写真提供：アナ・パトリシア・エルビール）

し、その一方で、学校教育のカリキュラムに性教育は含まれていない。一部の保守的な宗教者たちは、学校では〝禁欲〟や〝節制〟を説諭すれば事足りると考えている。かくして、教会の神父も教師も親たちも、青少年に十分な性教育を施せないまま、十代の妊娠の問題が一層深刻さを増していっている。父親たるべき少年は、生まれた子どもへの責任を果たさずに去ってしまうケースが多い。「家庭を持ち、次代を育むということの重みを理解し、心の準備をするために、性教育が果たし得る役割は大きい。〝いかに教えるべきか〟〝従前の保守的な考え方とどう折り合いをつけていったらよいのか〟社会全体で議論を深めていく必要がある」と、エルビールさんは持論を述べる。

エコツーリズムや、探検・冒険型の旅に好適

ニカラグアは太平洋とカリブ海に面しており、カリブ海側のビーチの美しさには定評がある。コスタリカとの国境を流れるサン・フアン川を船で下って、流域の自然を満喫するといった楽しみ方もある。また、太平洋側に近い位置にある広大なニカラグア湖[*2]も重要な観光資源となっている（ニカラグア湖には、二つの火山からなるオメテペ島があり、山の上からは太平洋が展望できる）。エコツーリズムや〝探検・冒険〟型の旅行を志向する人たちにとって、ニカラグアには魅力あふ

れる場所が多い。

＊1　ニカラグアと台湾：日本を含め、国際社会の大勢が中華人民共和国と国交を樹立している中で、ニカラグアは台湾と外交関係を結んでいる。ニカラグアは1990年、チャモロ政権下で台湾と国交を樹立。それによって、サンディニスタ革命政権下で中国と結んだ外交関係が途絶えた。以来ニカラグアは、数々の大型プロジェクトのため、台湾から低金利借款や資金供与の恩恵を受けた。また、マキラドーラ（輸入原料への関税免除、付加価値に対してのみ行う課税等の優遇措置）を利用した台湾の投資家がニカラグアに工場（主に繊維産業）を建設し、2007年までに延べ1万8千人のニカラグア人を雇用した。今日では、中国とも〝インフォーマルな形で〟よい関係が築かれつつあり、現オルテガ大統領は、〝ニカラグアは台湾との外交関係を継続していくが、同時に中国とのつながりがさらに深まっていくことを望む。二つの目的は相反するものではない〟とコメントしている。

＊2　ニカラグア湖：面積は約8千㎢（琵琶湖の約12倍）で、中南米では、チチカカ湖に次いで大きく、世界で10番目に大きい淡水湖。ニカラグア湖は、サン・ファアン川を通じて、カリブ海とつながっている。

アルゼンチン◆Argentina

●面積：278万㎢　●民族：ヨーロッパ系（スペイン系・イタリア系など）97％、先住民系3％
●人口：約4，000万人　●宗教：カトリック

二面性ある人は嫌われる

光藤晃彦《てるひこ》さんは、三菱商事に在職中、2度アルゼンチンでの生活を経験している。最初は1968年にスペイン語の語学研修生として渡航し、2年余りを過ごした。その間の1年は、アルゼンチン西部のメンドーサにある国立大学の政治社会学部に在籍し、近代政治史の勉強を通じて国勢や国情を学んだ。帰国して10年ほど鉄鋼の輸出業務に携わった後、1981年に辞令を受け、再びアルゼンチンに赴任。ブエノスアイレスで主に鉄鋼製品の日本との国際取引に従事した。

2度の滞在期間のアルゼンチン情勢は異なる。1回目は軍政で社会・経済は安定していたが、民主主義は潰えていた時代。2回目の滞在時は、またもや軍政が敷かれていたが、対英戦争での

失敗を経て、1984年には民主制への回帰が始まった。この間の政情や経済の不安定さは、ビジネスを進める上で、厳しい逆風となった。政治体制の変わり目には、輸入許可の手続きが停滞し、深刻な外貨不足と対外債務のため、支払いの猶予や債権の切り捨てを行う必要も生じた。また、ハイパーインフレと呼ばれる未曾有のインフレにも遭遇した。光藤さんの着任から離任までの6年の間に、通貨は呼称まで変わり、その貨幣価値も2万2千分の1に下落したという。

市民生活では、当初は「時間感覚」の違いに戸惑った。相手にもよるが、約束の期日や時間が厳密には守られないことが多かったのである。ビジネス社会では、この限りではないが、それでも全般的に時の流れや物事の進展がゆっくりしているのは否めない。「時間をおおまかにとらえる生活習慣」や「あくせくしなくてもある程度豊かに暮らせる環境」が背景にあるためで、「時は金なり」の意識や、「他人の時間を無駄にしてしまうことへの申し訳なさ」といった感覚はいずれも薄く感じられた。日本から渡航、生活する人は、その点を理解し、ストレスをためないようにすることが賢明である。もっとも、1990年代に開放経済となって、様々な外国人が新たに流入してきている今日では、経済活動や市民生活のテンポがスピードアップし、かつての状況が徐々に変わりつつある。また、全人口の約3分の1が集中する首都ブエノスアイレスと地方社会とでは、時間感覚にもかなりの隔たりがあるという。

アルゼンチン人の人口構成を見ると、スペイン系、イタリア系がほぼ同率で、合わせて約9割を占め、残る1割はきわめて多彩な人種・地域に由来し、その混合度も今やかなり高い。スペイン征服前の原住民インディオの子孫の人口は非常に少ない。

アルゼンチンと米国を比較すると……

光藤さんは、アルゼンチンでの赴任を終えた後、7年間（1988〜95年）米国に赴いて、鋼材加工の事業子会社を作り、社長を務めた経験がある。そのため（旧大陸からの移民が国家形成した点では共通する）米国とアルゼンチンとを比較してみる機会に恵まれた。

「人種のるつぼといわれるアメリカは、入ってくる移民を感化し、同化させる力が強い。移民は時を経ずしてアメリカ人としての価値観や生き方を身につけていく。一方アルゼンチンでは、そうした感化力、同化性はあまり感じられない。人々が〃私はどこそこの国生まれの子孫〃といった意識をもったまま、アルゼンチンという土地で混ざり合って暮らしているという印象。さらに言えば、多くのアメリカ人に強く見られる自国意識も、アルゼンチンでは一般に希薄である。これは、幾多の政変を重ねて社会が不安定化したことや、失政や腐敗のため、政治や公権力に対する不信感が根強く深いという事情にもよる。また、近年では中間階級の崩落が顕著で、かつては全くなかったような治安の悪化や社会の荒廃ぶりも顔を出している」と光藤さんは言う。

クールに自国の文化を見つめる

そのためか、アルゼンチンの人々は、自国を礼賛するようなことはあまりせず、きわめてクールに自国の文化や人々の生きざまを語るそうだ。

「アルゼンチン人に自国意識がないという意味では決してない。自国へのクールな眼差しは、〝豊かな資源を生かせず、誇れる資質の少ない現状〟への嘆きの表れとも受け取れる。これは、逆にサッカーのように、高い能力を発揮できることには皆が揃って、国を意識し、熱中するところをみてもわかる」

　こうしたアルゼンチン人の気風は、一方で「自分のことは自分で守らなければならない」という強い自我の意識につながっている。アルゼンチンには、生活の中で何かと主張しなければならない場面が多いが、彼らの目には、日本人は往々にして「争わない人たち」「主張しない人たち」と映る。いい意味では

在任当時の光藤晃彦さん（ブエノスアイレスの事務所にて同僚と。1982年、フォークランド戦争の直前に撮影）

「温和」だが、言ってしかるべき時に言わなければ、「不可思議な人たち」あるいは、「信頼できない人たち」と思われる可能性もある。

相手によって態度や物言いを変えず

光藤さんは、アルゼンチン社会を、日本と比べると「他人をやすやすとは信用しない社会」と表現する。由緒や来歴に異質性が高い人々の集合体だけに、どんな相手にも特別な先入観はもたないで進んで接する必要があるが、それだからこそ、相手に丸々気を許すことには慎重だ。現実派なのである。

もちろんアルゼンチンの人々の中にも、「他人からよく思われたい」「温かい心を示したい」という気持ちは多分にあり、家庭でも幼い頃から、他人に対しては礼儀正しく、節度をもって接するよう訓育される。日本人の感覚からは、不思議に思えるかもしれないが、信頼関係ができたから親しくつきあうのではなく、信頼関係がなくても親しくつきあうのである。かなり外向的といえる。

こうした「外向性」や「バランス感覚」は、光藤さんが最初にアルゼンチンの地を踏んでから現在に至るまで、多少の変化をみせつつもアルゼンチン人の国民性として、ことに意識されるものだという。

なお、光藤さんによると、大抵のアルゼンチン人は、相手が近しい存在であってもなくても、自分の欠点ととられかねないことを隠さず、心の内もさらけ出す。また、誰に対しても同じような態度で接する。相手によって物言いや応対を変えることはほとんどない。われわれ日本人は、相手との距離や関係により、物腰や言葉遣いを変えることが習い性になっていると言えようが、そうした切り替えがあまりに露骨に出ると、〝二面性がある人〟〝不誠実な人〟とマイナスに評価されてしまう危険がある。特に、上司には腰を低くし、部下に背を反らして、といった態度は疎まれる。

不測の事態に備える意識

光藤さんは、最後に、アルゼンチンと米国での通算16年の経験を通じて実感したことを、次のように語った。

「アルゼンチン人や米国人は、普通に暮らしていても、明日は何が起こるかわからないという予感を誰もがもっており、不測の事

南西部アンデス山脈沿い湖畔のリゾートホテル、San Martin de Los Andes（撮影：光藤晃彦）

態の発生の可能性を潔く意識している。しかし、われわれ日本人は安全・安定を求め、それに慣れ親しみすぎて、非日常のことが起こり得るとはあまり考えたがらない。無風・平穏に暮らし得ている分にはよいのかもしれないが、今後そのような暮らしはだんだん難しくなっていくように思える。このままで自ら変わろうとしなければ、危急の時に求められる咄嗟の対応ができなくなってしまう。私の商社マンとしての人生の中で、海外生活で命を落とした知人や同僚も少なからずあった。それだけに、安全・安定を当たり前のように享受する気持ちにはなかなかなれない。やはりいつもどこかに緊張感をもって過ごすことこそが必要なのではないだろうか」

ウルグアイ◆Uruguay

●面積：17・6万㎢　●民族：ヨーロッパ系（スペイン系・イタリア系）90％、ヨーロッパ系と先住民の混血8％
●人口：338万人　●宗教：カトリックが多数

果てしなく続く草原に、心も広々……

ウルグアイは、南米の二大国、北のブラジル、南のアルゼンチンに挟まれるように、大陸東岸の中南部に位置している。日本列島を地球の対極にもってくると、ちょうどウルグアイの沖合。まさに地球の反対側の国といってよい。国土の広さは日本の約半分、人口は350万人程だ。

久山慎一さんが、駐ウルグアイ大使として、房子夫人と共にこの国の首都、モンテビデオに赴任したのは2005年の春であった。

気候が穏やかなウルグアイでは、冬でも雪や霜はほとんど降らない。モンテビデオはラプラタ川の河口に位置するが、その支流のウルグアイ川は現地語で〝鳥の川〟という意味で、その名の通り6百種もの色とりどりの鳥たちが生息している。

「ウルグアイを象徴する風景は、果てしなく続く草原。モンテビデオは人口百数十万人の都市だが、一歩郊外に出れば、そこには〝草の海〟が広がっている。草原は四季折々に咲く花によって、その色合いを微妙に変え、牛や馬、羊たちは、そこかしこでのんびりと草を食む。青空の下、地平線の彼方に向かい、風を頬に受けながら馬を走らせるのは、えも言われぬ爽快さだった」と久山さん夫妻は言う。

地方視察での一幕

地方視察は、通常大使が単身で行うものだが、慎一さんの「君がいた方が交流にふくらみがでる」という言葉に押され、旅費・経費は自前で房子さんも同行した。

日本のODAが活かされている現場や、新たに援助が必要とされる分野・地域を視察する機会も多かった。「訪問先では大歓迎されるのが常だったが、複雑な思いをすることもしばしばだった」と房子さん。「大使夫妻歓迎セレモニーのために衣装を揃えてダンスを披露してくれる。そのお金を別の形で、そのコミュニティのために使ってくれた方がどれだけよいか」

パレードの時、マテ茶を片手に戸口にもたれて、大使夫妻を虚ろな目で見送る壮年の男たちが少なからずいた。真昼間である。〝なぜ働かないのだろう?〟という素朴な疑問が湧いた。注意して見ると、彼らが住む簡素な家々の周囲には、茫々と草が生えた手つかずの土地が広がり、生活排水で汚れた川が流れている。

「利水に工夫をこらして、あり余る時間と土地を活用すれば、ジャガイモくらいは育てることができるのではないか?」「食料不足を訴え、援助を要請してくる以前に、村や個々人によって、精一杯の努力がなされているのだろうか?」「援助されることに慣れっこになり、それが人々の自助精神を削いでしまっているのであれば、悲しい。彼ら自身が誇りをもって労働し、生計を立てられるような社会になることが大切なのだ」——房子さんの胸中には様々な思いが去来した。

ウルグアイは、かつて畜産で繁栄した。畜産業での国際競争力を失った今日でも、〝昔の夢をもう一度〟という思いから脱却できず、新たな産業分野を開拓・育成しようという動きがなかなか生まれない。慎一さんは「それが、ウルグアイが国際社会の中でテイクオフできない大きな要因の一つ」とみる。ウルグアイでは、志ある若者は英語を勉強する。だが、そうした努力の結果、志をもてあまして、

久山慎一さん・房子さん(大使公邸で開催した天皇誕生日のレセプションにて)

ブラジルに職を求めて出ていってしまう人も多い。「米国やブラジルは人種のるつぼと言われるが、ウルグアイは白人（スペイン系、イタリア系）が90％の社会。裏を返せば、旧インディオの人々はスペイン人の南米進出の過程で、ほとんど根絶やしにされてしまっている。民族構成的に〝ホモ〟（同一）であるウルグアイは、〝ヘテロ〟（不均一、多種多様）な社会に比べて、バイタリティに欠けてしまう向きがあるのかもしれない」と慎一さんは言う。

〝自分の心に忠実に生きる〟伸びやかさ

ウルグアイ人の国民性については、「日本人は、人との関係において、あれこれ考えて、気を遣い、結果的に自分を抑える局面が多々ある。その点、ウルグアイ人は正反対で、自分が振る舞いたいように振る舞い、生きたいように生きているように見える」とのこと。

慎一さんは楽器演奏が趣味で、ウルグアイ赴任中も余暇にトランペットの個人レッスンを受けていたのだが、先生が約束の時間に現れないこともしばしばだった。しかも、遅れたり、約束をすっぽかしたりしても、悪びれずにケロッとしている。

〝駄目でもともと〟とばかりに無理な頼みごとをしてくるウルグアイ人も多かった。「こんなことを頼んで迷惑ではないか？　相手との関係がぎくしゃくしないか？」「断わられた時に気まずくならないか?」などと慮ることはない。こちらが難色を示すと「やっぱり、断わられちゃった!」と笑って、それで終わりだ。

夫妻は、二十代の頃、アメリカに2年間赴任した。その時も自分に正直なアメリカ人の生き方を目の当たりにし、わが日本を顧みて「日本人は必要以上に周囲を気にしすぎるのでは?」との思いを抱いたのだが、30年の時を経て、南米のウルグアイで、その感覚が再び蘇ったそうだ。

「ムラ社会が基盤の日本では、人はひとりでは生きていけない。大なり小なり組織や団体の〝細胞〟であることが求められる。だが、いつまでもそのままでは、国際社会の中で生きていくことができないのでは……」と危惧する。

近年、日本の青年が〝内向き志向〟になっているといわれる。慎一さんは、「違う価値観の国があるということを知ってほしい。そのためには、日本でしか暮らせないという先入観を排すべき。外国で幾多のハードルを越える経験は、必ずや人間としての器を大きくしてくれる。だが、外国といっても、どこでもいいというわけではない。私は、あまり危険なところに率先して行くべきで

どこまでも続く草原はウルグアイの象徴的な風景。馬上の後ろ姿は久山慎一さん
(撮影:久山房子)

はないと考える。そもそも国情が不安定で命が危険にさらされるような国では、〝脱皮〟どころではないからだ」「ウルグアイは、そういう意味で条件のととのった国。日本からモンテビデオまでは、ニューヨーク経由で片道36時間と決して近くはないが、若者ばかりでなく、幅広い年齢層の方々にぜひ訪れてほしい。そして草原を吹きわたる風を直に感じてほしい」——そう願いを語った。

中東・アフリカ

トルコ ◆ Turkey

●面積：78万㎢
●人口：約7,500万人
●民族：トルコ人（南東部を中心にクルド人、その他アルメニア人、ギリシャ人、ユダヤ人など）
●宗教：イスラム教（スンニ派、アレヴィー派）が大部分

自国の文化に強い誇り

トルコは、しばしば「東洋と西洋の出会う場所」と表される。国土は日本の約2倍、人口は約7千5百万人。東西に長い国で、北は黒海を挟んでブルガリア、ルーマニア、ウクライナ、ロシア連邦に対面し、東側ではグルジア、アルメニア、イランと、南部ではイラク、シリアと国境を接している。西はエーゲ海を隔てギリシャ、そして南にはキプロス島[*1]——と、実に四方を11の国々に囲まれている。観光地として有名なイスタンブールは黒海とエーゲ海をつなぐ海峡に位置し、人口1千万人を擁する最大都市だが、首都機構は内陸のアンカラ（人口約4百万人）に置かれている。

親日的なトルコ人

ＪＩＣＡ（国際協力機構）の芦野誠さんは、トルコ事務所の次長として２００２年８月から05年５月までアンカラに赴任した。赴任後、まず感じたのは、トルコに浸透している親日感情である。ハイテクノロジーの国として、また第二次世界大戦後に復興を遂げた国として、日本は羨望のまなざしを向けられることが多い。芦野さんの駐在中、トルコのテレビ局が実施したアンケートでも、日本は「トルコ人が好きな国ベスト３」に入っていた。１８９０年、トルコの軍艦エルトゥール号が遭難し和歌山県沖で沈没した際、生存者69名に日本人が温かい救助の手を差しのべ、本国に送還したという事件があり、以来日本とトルコの友好関係は政府レベルでも良好である。１９８０年のイラン・イラク戦争でイランが空爆を受けた時、（危険度が高すぎるということで）日本政府が邦人保護のために特別機を派遣できない中、トルコ政府の計らいでトルコ航空機がイランに飛び、在留日本人をトルコへ脱出させたという美談もある。

トルコ人とのつきあいで印象的だったのは、チャイ[*2]によるもてな

芦野誠さん（トルコ東部古代遺跡ネムルート山山頂にて）

しである。トルコでは仕事上の訪問であっても、相手先に到着してすぐに本題に入るということはない。まず、「何を飲みますか?」「チャイにしますか?」というのが挨拶代わりで、「チャイには砂糖を入れますか、入れる量は〝多・中・少〟どのくらいですか?」などと細やかに好みを聞いてくる。そうして出されたチャイを飲みながら、最低30分は四方山話で和む。どんなに急いでいても、「チャイ」を辞退するのは失礼にあたる。雑談の間に、相手はこちらの人物を見定め、その先に展開される仕事への地ならしをしているのだ。芦野さんは、ゆったりとチャイのもてなしを受け、ひと呼吸おいてから、「おいしいチャイですね。ところで、今日お伺いしたのは……」と、用件を切り出すようにした。

長久の文化と伝統

「トルコ人の気質やトルコ社会を理解するのに、忘れてならないのは、この国の歴史の長さである」と芦野さんは言う。オスマン帝国時代は、モンゴルのあたりまで勢力を及ぼしていた超大国。近代に至り、国土がアナトリア半島の領域に縮小したとはいえ、主権を侵害された経験はない。こうした歴史を反映してか、トルコ人は自分たちの文化と伝統に強い誇りを抱いている。

一例を挙げれば、トルコ語における外来語の少なさである。シャンプーやリンスといった生活用品を買う場合、非英語圏の国なら、ボトルの現地語表記の下に英語でShampooやRinseと併記されていることが多いが、トルコにはそれがない。シャンプーやリンスに相当するトルコ語が記されているのみなので、トルコ語がわからない外国人には「不親切」ともいえる。英語が世界語としての地位を確立しても、そこに迎合せず、泰然としているトルコ人の姿勢が垣間見られる。最近でこそ、コンピューター分野などで、外来語を取り込む機会が増えたが、トルコの一般生活においては「自分たちの言葉だけで暮らす」ことが当然と受けとめられている。

カッパドキア（撮影：芦野誠）

トルコ料理は、世界三大料理の一つに数えられる（他の2つはフランス料理と中国料理）。トルコ料理といえば、シシケバブ（肉や野菜を串に刺して焼く料理）やドネルケバブ（牛肉の回し焼き）といった肉料理が有名だが、肉以外にも、魚介類、卵、野菜など多彩な食材を用いる。調理法もグリル、煮込み、揚げ……と様々で、オリーブオイルや香辛料、トマトソースなどで調味する。伝統的な家庭の味も重視されており、芦野さんがトルコ人宅に招待された折など、前々日から煮込んだという料理が供され、（日本人珍しさも手伝ってであろうが）親戚が20人ほども集まってくるなど、徹底したホスピタリティに感じ入ったという。

言語、習慣、料理など、自国の歴史や伝統を大切にしつつも、決して排他的にはならず、さまざまな民族や文化を包含するおおらかさをもつのがトルコ社会。長く、東西の文化の交流点になってきた土地柄によるところが大きいのであろう。

「トルコでは、伝統を守ろうとする意識が濃厚なあまり、昔からの法律や約束事を変えることを良しとしない。そうした保守の体質が、ビジネスや国の発展の障害になっている部分もある」と芦野さんはみる。実際、「前例がない」「法律を変えるわけには」といったトルコ側の主張の前に、交渉が先に進まない局面もあったが、気を長くして調整に努め、それでもトルコ側が譲れない点については、相手の意向を尊重したという。

既に中進国の仲間入りをしているトルコ。発展や近代化の過程で、伝統的なものが意識的・無意識的に排除されてしまう国が多い中で、トルコの存在は希少といえよう。「伝統ある国の骨太さを持ち続けつつ、時代の要請に応える柔軟さも兼ね備えることができれば……」芦野さんはトルコの将来にそうエールを送る。

＊1　キプロス島：キプロス島は、その支配権をめぐり、ギリシャ系住民とトルコ系住民の対立が続いている。現在、南部が独立しギリシャ系主軸のキプロス共和国となっているが、北部はトルコ軍支配地域である。

＊2　チャイ：中国の「茶」がチベットを経由し、インドに伝わった際、音が変化して「チャイ」となった。インドでは煮出したミルクティーだが、中近東や北アフリカなど地域により淹れ方も異なる。トルコのチャイには、ミルクは加えないのが普通。

サウジアラビア◆Saudi Arabia

●面積：215万㎢
●人口：2，700万人
●民族：アラブ人
●宗教：イスラム教（主にスンニ派）

メッカの威光とイスラム教の影響力

サウジアラビアに在留する日本人は850人（2009年10月外務省統計）と少なく、日本からの旅行ツアーが常時催行されているような場所柄でもない。ベールに包まれたこの国のイメージは、砂漠、ベドウィン族、そして世界一の産油国といったところであろうか。

一級建築士で、元アラビア石油株式会社の遠藤和夫さんは、通算17年余り、サウジアラビアに駐在した。サウジアラビアには、ジェッダ（紅海に面する昔ながらの商都）、リヤド（アラビア半島の内陸部にある首都）、ダンマン（アラビア湾沿いにある東部の都市。対面するイラン同様イスラム教の少数派、シーア派が多い）、ダーラン（ダンマンの近くにあり、石油発見後に西欧人が造った街）などの諸都市がある。日本人の赴任先は、主にジェッダとリヤドで、この2都市には日本人学校も設置されている。遠藤さんはクウェートとの国境にあるカフジ市に駐在し、アラビア石油の関連施設や、公共施設の設計・建設に携わった。

土地も民もすべて国王のもの

「サウジアラビアの国名は、アラビア語で〝サウド家の家〟という意味。土地も民も天然資源もすべて王様の持ち物、という考え方が徹底している」と遠藤さん。

帰国前の送別会で（中央のストライプのシャツ姿が遠藤和夫さん）

「オイルマネーはすべて王家の収入。国家の予算はそのオイルマネーでまかなわれており、支出等はトップシークレットで公表されていない。建国は1932年と比較的新しい国で、初代国王イブ・サウドには、二十数人の妻と三十数人の子があった。スディリ・セブン（スディリ家の王女との子7人）が、結束を固くし、現在の王家の屋台骨を支えている。傍系の子孫も含めたロイヤルファミリーがどんどん膨れ、社会の上層部をなしている。王族は主に官僚の地位を占めているが、中には実業家として成功を収めるケースもある」

このように王族が優遇されるものの、サウジアラビアは王族を除けば、出自よりも学歴が重んじられる社会だ。「私の印象では、学歴社会の色合いは、中国や韓国以上に濃い。教育は大学まで無償で受けられ、優秀な人材から学校・役所に入れるので、落ちこぼれてしまった者や、有力者の二世は海外に出ていくことになる」と遠藤さん。意外なことに、欧米やアジアの多くの国で、知的リーダーとされる「弁護士」「医師」「学者」といった職業は、この国では疎外されており、むしろ「実業家」「エンジニア」の社会的地位が高いのが特徴だ。

イスラムの聖地メッカ

サウジアラビアには、イスラム教の聖地メッカがある。メッカは全世界のイスラム教徒が一生に一度は目指すという特別な場所。メッカ巡礼を終えたイスラム教徒は名前に男性なら「ハッジ」女性は「ハジラ」という称号を付すことができる。毎年イスラム暦（太陰暦）の12月9日前後に巡礼しないと意味がないため、この時期は、国内外の巡礼者で街があふれる。それらの巡礼者の膨大な食費は、サウジアラビアの国庫から支出される。メッカを擁する国としての、サウジアラビアの威信の発揮どころといえようか。

ちなみに、メッカの街は異教徒の立ち入りを厳格に禁じており、日系企業もメッカ市内で商業活動する必要が生じた際は、インドネシア人などアジアのイスラム教徒を教育して送り出す――といった策を講じている。巡礼の期間になると、遠藤さんの勤務先は、毎年メッカ行きのバスを調達して、希望者には無料で参加させていたが、福利厚生の一環といってよいであろう。

サウジアラビアは数多くの外国人出稼ぎ労働者を抱える国でもある。イスラム教徒にとっては、憧れの聖地で働けるのは大変名誉なことなので、それが大いに求心力となっているのだ。政府は、20～30年前まで定住を望む者は積極的に自国民に変えていく政策をとり、労働人口の確保に努めてきた。

ジャナドリヤ祭開催中のリヤド：ジャナドリヤ祭は、国王のイニシアティブの下、毎年開催される同国最大の文化祭典。（撮影：遠藤和夫）

なお、イスラム法が徹底しているこの国では、小学校から男女は別学で、女子を教えるのは必ず女性教諭である。職業婦人は看護婦と教師にほぼ限定される。遠藤さんの会社でも、当然女性社員は皆無であった。サウジアラビア人の家の入り口は男性が通行できる戸口と、ファミリー用の戸口（女性用）が区別されており、レストランでもファミリー席（親子、兄弟姉妹や夫婦であれば、異性であっても同席可）と男性専用席に分けられている。他のイスラム諸国と異なり、サウジアラビアでは女性は運転を認められていないため、女性の友人同士で外食したい場合は、運転手を頼まねばならない。

このように、サウジアラビアでは、王族のプレゼンスの大きさ、そしてイスラム教の多大な影響力など、日本人にとっては特異に感じられる側面が多い。遠藤さんは、長きにわたるサウジアラビア人とのつきあいの中で、ひとつひとつの驚きを理解に変え、受けとめられる点は受けとめて、ビジネスを遂行していった。

「サウジアラビア人は遊牧の民。遠来の客は丁重にもてなしてくれ、義理人情にも厚い。シャイで、最初はとっつきにくさを感じるが、こちらから自分をさらけ出せば、あちらも同様に向かい合ってくれる。宗教や慣習の違いから、強烈に異質さを感じて、たじろいでしまうかもしれないが、積極的につきあい、気心が通じ合えば、一生の友となり、家族以上の関係になることも難しくない」という。

アラブ首長国連邦◆United Arab Emirates

●面積：8・4万㎢
●人口：750万人
●民族：自国民（アラブ人）は全人口の2割未満。8割以上は外国人（南アジア、アラブ圏、フィリピンなど出身）
●宗教：イスラム教（主にスンニ派）

「誇り」を大切にし、人を見極める「眼力」に優れた人々

近年、豪華リゾート施設の開発や、超高層ビルの建築など、経済の活況ぶりが報じられているアラブ首長国連邦（以後UAEと表記）。アブダビやドバイ*には、日本からの駐在員やその家族約3千人が在住している。中東の中でも、特に日本との経済交流が盛んな国だが、UAEの文化について一歩踏み込んだ知識をもっている日本人は意外に少ないのではないだろうか。

「UAEに滞在する日本人も、そのほとんどが、この国の人々のことを知らないまま帰国してしまいます。UAEでは外国人がアラブの文化やイスラムの教義に生活を規定されることはな

く、たとえば、女性がアバーヤ（外出の際に纏う外套）やベールを身につける義務はありません し、車の運転も自由にできます。加えてアブダビやドバイは〝multinational〟（多国籍）な文化で、英語が通じ、世界中のものが手に入る。日本人としての生き方を変えなくても済むのです」──そう語るのは、１９９１年にＵＡＥ人男性と結婚し、現在は三男二女の母となっている岸田直子さんだ。

岸田さんによれば、ＵＡＥは人口の大半を外国人が占め、ＵＡＥ国民は2割に満たない。「アブダビやドバイにいる限り、日本人駐在員やその家族がＵＡＥ人に出会う機会そのものが限られている。仮に出会ったところで、アラブの伝統に則った生き方を踏襲しているＵＡＥ人と外国人は、そもそも生きている場所が違うのです」と岸田さん。

岸田さんが住んでいるのは、夫の故郷ウンムアルクエイン首長国。首都アブダビから２２０km離れ、周囲に外国人はあまり住んでいない。夫のユーセフ氏は米国の大学で〝industrial engineering〟を専攻したエンジニア。現在は国内で2つの工場を経営し、また政府の経済アドバイザーとして多忙を極める毎日である。

在留邦人とＵＡＥ社会をつなぐ

２００５年、夫が仕事上の便宜のため、アブダビにアパートを借りることになった。単身で行くことを想定していた夫に、岸田さんは思い切って家族全員での転居を提案し、実現した。アブダビで日本人会に入ってみると、驚くことに、在留邦人のほとんどが何年もＵＡＥに住みながら、ＵＡＥの友人をもたないままに帰国している。話してみると、みなＵＡＥについてもっと知りたい、ＵＡＥ人と知り合いたいという思いは抱いているのに、その手立てがないことがわかった。

岸田直子さん

自分の経験や知識が役立つのであればと、岸田さんは自宅に駐在員夫人を招き、定期的に勉強会を催すことを思い立った。毎回「ＵＡＥ女性の生き方」「ＵＡＥが抱える発展の弊害」などとテーマを決め、十分に準備して当日に臨んだ。参加夫人たちは、今まで誰にも聞くことができなかった質問を、この時とばかりにぶつけてくる。この勉強会の評判が、あるときドバイの総領事夫人の耳にも届き、「ドバイでもぜひ」という話になった。開催場所として総領事公邸を提供してもらい、参加者は夫人の呼びかけで集まった。２都市で続けたこの勉強会は、岸田さんにとってＵＡ

Eについて改めて学ぶ絶好の機会となり、今後の活動につながる人的ネットワークも広がった。

1年後、手応えを感じてウンムアルクエインに戻ったあと、UAEと日本の交流の基点になればと、2008年3月、独力で「日本UAE文化センター」を立ち上げた。あくまで非営利の運営で、経費は参加者から集める費用（実費）でまかない、プロジェクトによっては企業にスポンサーになってもらう。賃貸が高額なUAEでは常設の事務所は持たず、女性福祉団体やスカウト施設を借りている。その活動の4本の柱は、(1)日本文化をUAE人に伝える活動：日本語講座、学生対象のサマーキャンプなど、(2)UAE文化を日本人に伝える活動：「イスラム概念」「アラビア書道」「アラブ料理」などの講座、博物館見学やUAE人宅訪問などのフィールドトリップ、(3)両国の人たちが交流するための〝social day〟や、学生会議等の開催、(4)日本に留学経験のあるUAE人のネットワーク作り――である。

「日本人の間では、〝UAE人は裕福で、国から手厚く保護され、安穏と暮らしている〟というイメージが一人歩きしているようだが、UAE人も実生活において、お金や家族、教育、結婚、介護のことなど、日本人と同じような問題を抱えて苦労している」と岸田さん。

UAEは1971年に建国され、約40年の間に激動の発展を遂げた国だ。ユーセフ氏が生まれた頃は電気も水道もなく、初めて町に電気が通ったのは小学校2年生の時。水道が通った時は夢を見ているようだったという。「同じ中東でも、クウェートやサウジアラビアは豊かになってから既に何世代も経ている。UAEは発展が遅れた分、苦しい時代の記憶はまだ新しい。みんな今の繁栄が当然とは思っていない」と岸田さんは語る。

国際結婚の壁を乗り越えて

当初は双方の家族に反対された結婚も、年を経るごとに、周囲から受け入れられていった。UAEの人々は、人を見抜く洞察力は鋭く、何気ない会話や場面で深く評価する。例えば、足の悪い義父のために毎月薬を取りに行く病院では、待合室にいる主婦たちが岸田さんの姿を見ている。また、炎天下タクシーを待ちあぐねているお年寄りの女性に声をかけ、家まで車で送り届けると、名乗ったわけでもないのに、あとで町の誰もが岸田さんであると知っている。

「UAE人は、日常の無意識な行動から、その人が信用のおける人なのか、心打ち解けられる人なのか、見きわめようとする。彼らの懐に一旦迎え入れられれば、その後の人間関係も円満に

岸田直子さん一家：長男（後列中央）が最年少16歳で全国トップの成績で高校を卒業した際、優秀学生を招いての祝宴がUAE首相によって催された。

築いていくことができる」と岸田さん。そして、「UAE人は名誉をとても大切にする。私も結婚して以来、夫や子どもたちの名誉を傷つけぬよう、その点は非常に気を遣って自分を律してきたつもりです」と言葉を継いだ。

夫が、結婚当初からUAEのやり方、特にイスラム教に則った生活規範を、全く強制しなかったことは、とてもありがたかったという。彼女自身、その時々で、できることとできないことを見定め、夫婦でよく話し合ったそうだ。事あるごとに、〝家族として何を最優先すべきか〟〝そのためには誰が何を妥協したらベストか〟を考え、折り合いをつけてきた。そうして年数を重ねるにつれ、彼女ができる範囲が徐々に広がっていった。

＊　アブダビとドバイ：UAEは7つの首長国から成る連邦国家で、各首長国から選出された大臣等で構成される連邦政府が政治経済全体を司っている。各首長国にはシェイクと呼ばれる首長がおり、細部の内政は自治となっている。ただし、石油を産出する国とそうでない国とではGDPに大きな差異があり、石油の出るアブダビ首長国、商業が盛んなドバイ首長国が、実質的にUAEの経済を支えている（大統領にはアブダビ首長が、副大統領兼首相にはドバイ首長が就任する決まりがある）。

イスラエル ◆ Israel

●面積：2・2万㎢　●民族：ユダヤ人（約75％）、アラブ人など
●人口：770万人　●宗教：ユダヤ教75％、イスラム教17％、キリスト教2％

「世界の力学」が見えてくる国

ＪＥＴＲＯ（日本貿易振興機構）の村橋靖之さんは、１９９９年から２００３年までイスラエルのテルアビブ事務所に赴任した。与えられたミッションは、日本とイスラエル及びパレスチナとの貿易、投資、産業交流の促進であった。

村橋さんがイスラエルに渡る１カ月前には、総選挙で労働党のバラク氏が、現職のネタニヤフ首相を破って、政権の座についたばかり。中東和平を頓挫させてしまったネタニヤフ氏からの政権交代により、和平プロセスが本格的に再開するものと、国中で期待が高まっていた時期だった。ＩＴを中心とするハイテクブームにより経済は好況で、１９９９年から２０００年にかけて

は、祝「ミレニアム」ムードの中、イスラエルを訪れる観光客の数がピークを迎えた。村橋さんは、こうした追い風を感じつつ、日本とイスラエルの経済交流が今後ますます活発になっていくことを期して、職務に励んだ。

しかし、2000年9月、和平の流れに逆行する出来事が起こった。当時リクード党の党首だったシャロン氏（2001年には首相に就任）が、ハラム・アッシャリフ[*1]に上って、イスラエルの威信を誇示したが、これがパレスチナ人の感情を逆なでし、反イスラエル蜂起の発端となったのである。さらに2001年9月11日の米国同時多発テロを経て、イスラエル国内では、ハマスなどの過激派が跋扈、治安が不安定になり、経済活動も停滞。日本企業はイスラエルへの投資を手控え、すでに進出していた企業も続々と撤退していった。ようやく情勢が落ち着きだしたのは、村橋さんが帰国する2003年頃だった。

「4年間の間に、一番よい時期から、どん底に至る経過、そこから上向きになっていく情勢を経験した」と村橋さん。「オスロ合意[*2]の後、時間をかけて、イスラエル、パレスチナ間で信頼関係を作ってきたのに、一瞬の出来事でそれが簡単に崩れ去ってしまう虚しさを味わった」という。

パレスチナ問題の本質

パレスチナ問題は、単純にユダヤ人対パレスチナ人（アラブ人）といった民族の対立や、ユダヤ教対イスラム教といった宗教の対立の構図で説明できるものではない。「本質的には土地の所有を巡る問題であり、それがイスラエルによる〝占領〟という形で固定されていることが問題」と村橋さん。占領によって、パレスチナ人は移動の自由が制限され、水や電気などの社会的インフラもイスラエルによって管理されている。[*3]

村橋靖之さん（死海のほとりにて）

「パレスチナ人による自爆テロなどの激しい行為は、イスラエル建国以来、占領によって50年以上抑圧され、鬱屈していた思いが爆発した結果である」と村橋さんはみる。一方のユダヤ人については、「ホロコーストではユダヤ人6百万人が虐殺された。民族として命が絶滅の危険にさらされたという過去は、彼らの中で拭い去ることのできないトラウマとなって世代が変わっても連綿と受け継がれている。ユダヤ人にとって〝安全の確保〟は絶対の命題であり、自分たちの命を守るという強い意識はわれわれ日本人には到底わからない。パレスチナ過激派のテロ行為に対する非情と思える報復攻撃の根底にはそうした恐怖心が存在している」と解釈。さらに「安住の地を求め、父祖の地への〝回帰〟を願って建国したユダヤ人、それによってそれまでの居住空間と主権が奪われてしまったパレスチナ人、と彼らが共に被害者であることが、問題を難しくしている。その被害者意識ゆえに、互いを思いやる余裕が生まれにくい」と、一歩下がって両者の立場を慮る。

村橋さんによれば、日本人は、ユダヤ人、パレスチナ人双方から好意的に思われ、現地で片方とつきあっていることにより、もう一方から反感を買うといったこともなかったという。ユダヤ人もパレスチナ人も、一旦友人になると、大変親切で面倒見がよく、自分の友人知人をどんどん紹介してくれるので、人間関係も多方面に広がった。

自己主張と「ダメモト精神」

日常生活で村橋さんが困惑したのは、ユダヤ人の「自己主張の強さ」であった。例えば、JETROに情報を求めてきた人に、親切心からプラスアルファのサービスを提供すると、以後も、同等かそれ以上のサービスを要求され続けたりする。また、〝駄目でもともと〟の精神にあふれている。まずは自分が欲しい最大限の成果を要求して、だめなら少しずつ引き下がっていくのだ。

日本の感覚では〝ずうずうしい〟と思うところだが、彼らにはそういう気は全くない。だから、できないことはできない、やりたくないことはやらない、とはっきり自分の主張を伝えることが肝心。最初は、主張することで相手を傷つけるのでは、と懸念したが、言われた相手は皆ケロッとしている。こうしたやり取りに慣れ、自分を出すことができるようになると、かえってその方が居心地よく感じるようになってしまった。

マサダ遺跡から死海を望む：マサダは、ローマ帝国にユダヤ王国が滅ぼされた時、最後までユダヤ人がたてこもって戦い、最後は全員が自決したといわれる砦。（撮影：村橋靖之）

イスラエルは、現在では資本主義国家ではあるが、建国から１９９０年くらいまでは社会主義に近い統制経済をとってきた。その影響からか、現在も公的機関のサービスは悪く、非効率的で、これが前述の「自己主張する文化」と併せて、日本人がイスラエルで感じるフラストレーションとなっている。村橋さんは「大切なのは、〝何でそうなのか〟と思わずに、〝そういうものなのだ〟と認めること」とアドバイスする。

「外国で異なる習慣や文化に触れるのは、どの国であっても同じだが、イスラエルは、特に日本との振幅が大きいので、適応するために、より多くの努力が必要になる」「海外派遣する人を選ぶ際も、寛容性・許容性のある人がよく、細かい人や神経質な人には難しい国といえる。また、ユダヤ人・パレスチナ人双方のことを考えられるようなバランス感覚も必要」。村橋さん自身、イスラエルに赴任して、自分の「変化への適応の範囲が広がった」と感じたそうだ。

イスラエルで見えてきたもの

「イスラエルにいると世界観がわかる」と、村橋さんは言葉に力を込めた。「イスラエルでは、第一にアメリカのプレゼンスの圧倒的な大きさが実感できる。ヨーロッパ各国の首脳クラスが、毎年のようにイスラエルを訪問している事実にも驚かされた。中世以来、ヨーロッパはユダヤ人の歴史に影を落としてきたが、そうした過去への複雑な思いを内包しつつ、アメリカのプレゼンスに対する牽制の意味もこめての訪問であろう。また、ソ連崩壊後、旧ソ連から移民してきたユダヤ人は多く、今もロシア在住のユダヤ人との太いパイプは脈々と生き続けている。イスラエルには、こうして、西欧社会の歴史の結果として受け継がれたものが凝縮しており、今の世界情勢を理解する上でも大変重要な場所。西欧社会はそのことを認識し、イスラエルを国際政治上の〝キー国〟と位置づけている」

「イスラエルにいると、世界がどういう力学で動いているかが見えてきます。紛争、宗教、民族とは何なのか、いろんなことを考えます。イスラエルでの思い出や、そこで培った人間関係があるから……といった観点を超えて、私がこれからもこの国に関わっていきたいと思うのはそのためです」と言葉を結んだ。

＊1　ハラム・アッシャリフ：イスラム教徒は、「岩のドーム」とその傍らに建てられた「アルアクサ・モスク」一帯の高台を指して、「ハラム・アッシャリフ」（アラビア語で「高貴なる聖域」を意味）と呼んでいる。一方、ユダヤ教徒は「岩のドーム」の地中に、聖地としてあがめるユダヤ王国の神殿跡が埋まっているとして、「ハラム・アッシャリフ」と同じ場所を指して「神殿の丘」と呼ぶ。イスラム、ユダヤ教双方にとって共通の聖地となっているこの場所の主権をどうするかが、和平交渉最大の難問になっている。

＊2　オスロ合意：和平プロセスの過程で、1993年にイスラエルとパレスチナ解放機構の間で結ばれた協定。イスラエル、パレスチナ双方と良好な関係をもつノルウェー政府の尽力により、オスロで両者の交渉が行われた。

＊3　ユダヤ人：「イスラエル人」と言った場合、基本的にはイスラエル国籍を持つ人のことを指す。これにはユダヤ人もパレスチナ人も含まれるので、本稿では、「ユダヤ人」という言葉で統一した。

イラン◆Iran

●面積：165万㎢
●人口：7,500万人
●民族：ペルシャ人が半数強、その他アゼリ系トルコ人、クルド人、アラブ人など
●宗教：イスラム教（主にシーア派）

プライド高く、本音と建前が交錯

「日本とイランは、⑴〝政・官〟のレベル、⑵ビジネスのレベル、⑶草の根のレベル、それぞれで交流があり、イラン人は日本に対して、概して好印象をもっている」元商社勤務の野田修さんは、そう語り出した。野田さんは、１９７６～78年のペルシャ語研修派遣を皮切りに、２００５年まで計4回、延べ10年にわたりイランに駐在した。野田さんの言う「３つのレベル」での交流について概観すると次のようになる。

⑴〝政・官〟のレベル：イランでは、イスラム革命によるパーレビ王朝崩壊、首都テヘランでのアメリカ大使館占領人質事件、イラン・イラク戦争勃発……と、１９７０年代終わりか

ら国内的・対外的に激動した。だが、その間も（国情不安により外交のパイプが一時的に細くなることはあっても）日本との政・官の交流が途絶えることはなかった。イラン人は、「アメリカにある程度モノが言えている日本外交」を評価している。

(2) ビジネスのレベル：アメリカは1953年に、当時のイランのモサデク政権を（CIAの秘密工作によって）転覆させ、それに連動して西側諸国がイランの石油不買運動を展開した。そうした中、日本の出光石油が日章丸を派遣してイランの石油を買い取り、イラン経済を窮地から救った経緯がある。最近ではイランの核開発問題への制裁として、また2001年9月11日の米国同時多発テロの影響で、イスラム体制を掲げるイランから多くの米系企業が撤退する中、野田さんの商社をはじめとする幾つかの日系企業はイランに留まり、同国とのビジネスのネットワークを堅持してきた。

(3) 草の根のレベル：日本では一時期、〝上野公園にたむろするイラン人〟〝イラン人が偽造テレフォンカードを違法販売〟といったニュースが報じられ、イラン人の負のイメージを広める結果となった。「当時は国内の経済不況から、多くのイラン人が日本に職を求めてやってきていた。中には違法な行動をとったイラン人もいたが、その多くは中小企業に就職し、日本人社長に可愛がられ、真面目に勤め上げている。滞在中に日本人女性と結婚し、妻を伴ってイランに帰国している人も少なくない。テヘラン在住の日本人は現在5百人ほどで、その内の約2百人はイラン人男性と結婚した日本人女性だが、大半は国際結婚のハードルを乗り越えて仲よく暮らしている。

イラン人の国民性

イラン人の国民性について、野田さんは「上昇志向の高さ」「プライドの高さ」「お金に対するシビアな感覚」「情緒的な面」の4点を挙げた。

ペルシャ語の研修のためにイランに初渡航した際、大学に入るまでの一時期は町の語学塾に通って、ペルシャ語の手ほどきを受けた。当時はイスラム革命前でもあり、英語学習熱が高く、こうした語学塾が市内に多数あったそうだ。女性の進学率が大変高いのも（革命前、後にかかわらず）イラン社会の特長である。なお、イラン人は一般的に「暗記型学習」に長け、公園のベンチなどで一生懸命教科書を覚えている学生の姿が当たり前のように見られるとのこと。

「プライドの高さ」といえば、イラン人社員の人事管理を行う上でつきものなのが「人事評価」にあたっての強気な自己申告である。「自分はこれだけできる」「自分はこれだけ会社に貢献した」ということを遠慮なくぶつけてくるのだが、実際にはそれをそのまま受けとめられない業績であることも多い。社員同士が給与明細を見せ合うことも普通なので、上司として評価の基準をクリアにしておかないと、「どうして自分の給与が誰それより低いのか?」と追及されて困る事態になる。

「お金に対するシビアな面」は、人事評価や給与について上述したことからもわかるが、野田さんにはほかにもこんな経験がある。テヘランでは駐在の度に家やアパートを借りて住んだが、どんなにうまくいっている大家さんとも、いざ帰国となると、お金の問題でもめて、すんなり退去とはいかないのだ。計4度の赴任の内、3度目までは単身赴任だったため、風邪で寝込んでしまった時など、心配して食事を届けてくれる大家さんもいた。そうした厚情に感謝することしきりで、野田さんも日本に一時帰国する度にお土産を持ち帰るなど、心通わせるつきあいをしていた。だが、時が満ちて帰国の辞令が下り、挨拶に行くと、大家さんはきまってその態度を一変させる。家中をくまなくチェックし、あれこれ難癖をつけて、必要以上の修繕費用を要求してくるのだ。今までの、あの友好的な関係は何だったのかと、その落差には驚くばかりであった。

野田修さん(テヘランの執務室で秘書と)

4点目の「情緒的な面」については、多分に日本人と通じるところがある。海外に赴任する日本人に対して、よく「日本人は、すぐに謝りすぎる。自分に非がなくても、相手との関係を良好に保つために〝ごめんなさい〟という言葉を口にしまいがちだが、それはよくない」というアドバイスが送られるが、野田さんによると、ことイランに関しては当てはまらないそうだ。「ごめんなさい」と言った方が、関係が良くなるケースの方が多い。

〝悪の枢軸〟と呼ばれて

2002年1月にアメリカのブッシュ大統領の一般教書演説で、イランが(イラク、北朝鮮と並んで)「悪の枢軸」と呼ばれたことは、まだ記憶に新しい。この発言は、核開発問題とも相まって、「イラン＝中東の不穏分子、あるいは国際社会の鼻つまみ者」といったイメージを増幅させてしまった感がある。だが、イランの革命政権は一貫して「反米」を掲げているものの、その実、〝アメリカに恋焦がれ〟、アメリカとの関係を回復させたいという思惑がある。一般的な市民感情としても、アメリカへの敵愾心よりは、むしろアメリカ文化への憧れの思いが強い。「こうした中でブッシュ大統領が〝悪の枢軸〟発言をしてしまったのは、イランの本音と建前を読みきれなかったというべきか……いずれにしても、大変残念なことだった」と野田さん。

イランは日本の約4・4倍の国土を擁する中東の大国だが、その立ち位置は非常に孤独であるといってよい。野田さんによれば、イラン人は〝ペルシャ人〟としての誇りからか、トルコ人やアラブ人（アラブ諸国）を下に見る傾向がある。イランで信仰されるイスラム教は、中東アラブ諸国の大勢を占めるスンニ派ではなく、少数派のシーア派であり、自分たちは同じイスラム教徒でも別格という意識もはたらいている。また、他のアラブ諸国への思いには屈折したものがあり、例えば近年のＵＡＥ（ドバイ）の目覚ましい発展ぶりについては「彼らはアメリカの資本と技術で発展しているだけだ。我々イラン人は自前の技術で国の産業を切り盛りしている」とやっかみ半分の見方をする。

しかし、そう言う一方で多くのイラン人が休暇にはＵＡＥに羽を伸ばしに行き、移動には、ナショナルフラッグであるイラン航空よりも安全性の高いＵＡＥのエミレーツ航空を選びたがる。

こうして見てくると、本音と建前が交錯し、近隣諸国や国際社会とうまくつきあっていけないイランの姿が浮かび上がってくるようだ。「イランは、ＯＰＥＣのメンバーになったパーレビ王朝時代、特に１９７０年代初めから革命前までは日の出の勢いで成長し、大変平和な国だった。だが、その平和な国にイスラム革命、

事務所から見たテヘランの風景：事務所は海抜1,700mの所にあり、先に見える山並みは、4,000m級の山。（撮影：野田修）

イラン・イラク戦争が相次いで起き、隣国からミサイルが降ってくるようになった。たとえていうならば、日本に明治維新と太平洋戦争が一気に来たようなもの。イランはそうした混乱を乗り越え、したたかに、したたかに生きてきた」

「イランの価値観には〝仕事面での成功（経済的地位）〟と〝宗教の世界での精進〟の2つの基軸がある。メッカへの巡礼を済ませた者は（たとえ社会的な成功者といえなくても）皆から尊敬を受ける。かといって、宗教一辺倒で、イスラム教を押しつけられるような圧迫感があるわけではない。そうしたバランスが、イランの社会に、ある種の落ち着きを与えているのかもしれない」

——野田さんは、自身の「イラン観」をそう語った。

ザンビア◆Zambia

●面積：75・3万㎢
●人口：1300万人
●民族：トンガ族、ニャンジャ族、ベンバ族、ルンダ族など73部族
●宗教：8割近くがキリスト教、その他イスラム教、ヒンドゥー教、伝統宗教

〝リアル・アフリカ〟と呼ばれる大地

中南アフリカに位置する内陸国、ザンビアが英国から独立したのは、1964年のことであった。他の多くのアフリカ諸国と同様、民族構成は多様で、73の部族からなっている。2010年の世銀の統計によれば、国民人口は約1千3百万人で、首都ルサカには約170万人が在住する。公用語は英語だが、英語に加えて、代表的な7部族の言語が公共放送言語となっている（特に話者集団を多くもつ言語はベンバ語、ニャンジャ語、トンガ語、ロジ語）。標高1千m～1千350mの高地国（首都のルサカも海抜1千227m）で、「熱帯性」の気候帯に区分される割には涼しい。

木村哲郎《てつお》さんは、2000〜03年の3年にわたり、JICA青年海外協力隊の派遣によってザンビアに滞在した。赴任先は、東部州にある「サウスルアングア国立公園」の管理局である。「サウスルアングア」はザンビアに計20カ所ほどある国立公園の一つだ。

国立公園内は、野生動植物の保護地区で、人間の居住やハンティング、植物採集（燃料用の薪の伐採など）は禁じられている。国立公園の周囲を取り囲むように設けられているのが、人間と動物が共存する「緩衝地帯」で、管理局のオフィスやスタッフの住居は、一般住民の居住区とともにこの緩衝地帯にある。

木村哲郎さん（ムフエ緩衝地帯の宿舎前で）

サウスルアングア国立公園への入り口となる町は、広大な公園の周囲に幾つか存在するが、管理局オフィスはムフエにあった。ムフエから首都ルサカへは直行便（小型機）だと約1時間。陸路では、車や長距離バスを乗り継ぎ10時間もかかる。

赴任先では調査部門に所属し、国立公園内の生態環境の調査にあたった。具体的には、公園や緩衝地帯に各種動物がどのくらい生息しているか、という個体数の確認・管理を行うのである。手法としては、一定の面積内にどれぐらいの個体数がいるか実測（目で確認）をした上で、その結果を元に調査対象地区（国立公園あるいは緩衝地帯）全体での個体数を算出する。国立公園と緩衝地帯の間に柵などはないが、地図上では明確に境界線が引かれており、面積ははっきりと算出できる。

国立公園内での密猟

ザンビアでは銃の所有が法で禁じられているが、国立公園内の密猟者は後を絶たない。イノシシ、インパラなどの小型動物から、バッファローやゾウなど大型の動物まで狙われる。自家用の食料とするために密猟する者。他売を目的とする者など様々だ。

「元々狩猟を生業として暮らしてきた人たちもあり、彼らにしてみたら、いつの間にか自分たちの狩場が国立公園となり、猟を禁じられるというのは、理不尽な話なのかもしれない。顧みれば、換金性が高い、例えば象牙などの価値を彼らに知らしめたのは、この地に入植してきた白人たち。新しい価値に触れることがなければ、狩りと個体数維持のバランスは保たれ、密猟を規制する必要も生じなかったのでは」と木村さんは言う。

サウスルアングア国立公園の管理局は、公園内にパトロールチームを出して、密猟を取り締まり、仕掛けられた動物捕獲用の罠を撤去している。1回のパトロールには通常約1週間をかけ、

ムフエ緩衝地帯のマンゴーの木（撮影：木村哲郎）

その間は公園内に野営する。パトロールチームは多数組まれており、それらが入れ代わり立ち代わり（あるいは複数チームが同時に、複数の地域で）監視を行う。管理局は、こうしたパトロール活動に加え、折々にコミュニティーの人たちとの交流の機会をつくって、「野生動物を大切にしよう」との啓蒙活動も行っている。

木村さんの宿舎は平屋の一軒家で、職場まで徒歩で通える距離だった。日頃の食事は、自炊してまかなった。ザンビアの人々の主食はシマと呼ばれるもので、とうもろこしの粉を鍋に沸かしたお湯に入れてかき混ぜ、団子状の硬さにしたものを食する。おかずとしては、干した魚（煮干大）や鶏肉をトマト・玉ネギ・塩で煮る。青物野菜は地元で手に入れることができ、肉類は東部州の州都チパタに出かけた時に、まとめ買いして冷凍しておいた。

宿舎にテレビはなく、情報源はラジオと、ＪＩＣＡから定期的に送られてくる新聞ダイジェスト、そしてチパタで入手できる英字紙などであった。週末は、ザンビア人の同僚に誘われて川や湖に釣りに出たり、サバンナの木陰に一人腰を下ろして、ゆったり過ごしたりした。

「家族の死」と隣り合わせの暮らし

ザンビアでは乳児死亡率が高く、国民みなが十分な医療を受けられる状況ではないため、平均寿命は40代半ばである。AIDSの問題も深刻だ。実際に暮らしてみて、木村さんは、ザンビアでは「人の死」が身近にあることを感じた。3年間の滞在中にも、知人や近隣の人々の死に何度となく遭った。

ある時、同僚が重病にたおれてしまい、家に見舞ったことがあった。「今すぐ病院に運ばないと」とあせる木村さんに、同道した別の同僚は言った。「いや、病院に連れていかないほうがいいんだ」。病院に行けば、家族には重い負担となる医療費がかかる。しかも助かる見込みは少ない。ザンビアでは、子だくさんの大家族が当たり前。貴重なお金は、これから生きていくべき子どもたちのために使わねばならないのだ。

ザンビア人の家族の絆は強い。親子や兄弟姉妹間の縦の関係に加え、いとこ同士などの横の関係も大切にする。病にかかった家族を、十分な手を尽くせぬまま失う悲しみは計り知れないが、皆、避け得ないものとしてそれを受け入れ、淡々と、また日々の生活に戻っていく。このように、「家族の死」と隣り合わせの暮らしの中では、大抵のことは小さく感じられて当然。ザンビア人の穏やかさや、些細なことにこだわらないおおらかさは、こうした現実に根ざすところもあるのではないかと、木村さんは思ったという。

木村さんが協力隊員に志願した際、行き先はアフリカと決めていた。アフリカ諸国の中でもサハラ砂漠以南の国を希望し、ザンビアへの赴任が実現した。その志の根っこには、子どもの頃から漠然とした憧れを抱いていたアフリカの大地に身を置き、もてる技術や知識を活かせたらという思いがあった。

「何がアフリカらしさか、と問われれば、答えは一様ではないのかもしれませんが、ザンビアは、〝real Africa〟と称され、大地の息吹が感じられる場所。アフリカらしさに満ちた国と言われます。各地の国立公園も、まだ観光地化が進んでおらず、整備・洗練されていない分だけ、自然の懐に包まれる実感がもてます。日本からザンビアを訪れるチャンスがある方には、個人的には、街よりも、ぜひ自然を見に来てほしい」と木村さん。

モロッコ◆Morocco

●面積：44・6万㎢
●人口：3，200万人
●民族：アラブ人65％、ベルベル人30％
●宗教：イスラム教（国教）スンニ派がほとんど

徹底したホスピタリティと「喜捨」の心

「モロッコは、アフリカの一員でありながら、ヨーロッパの影響を受け、また文化的にはアラブ・イスラム諸国に連なるという3つの顔をもつ国です」――日本モロッコ協会常任理事・事務局次長の外山厚子さんは、モロッコの特徴をまずそう表した。

「カサブランカやラバトといった都市に出向くと、街並みはヨーロッパ風だが、人々の暮らしの根幹や精神のもちようは、イスラムの教えや伝統に則ったもの。ヨーロッパ文化と旧来のイスラムの伝統が見事に融合している。イスラム教の国ではあるが、他宗教の人々に対しても大変寛容で、文化的に開かれた風土をもつのが魅力」という。

外山さんは、モロッコ人の夫と約20年前に結婚。一男一女に恵まれ、現在は東京に居を構える。夫の帰省に伴ってモロッコを訪れることも多く、そうした経験を通じて、モロッコの伝統や文化を肌で感じてきた。

外山さんは、モロッコ人の精神を表わすキーワードとして、(1)ホスピタリティ、(2)喜捨の心、(3)天命を信じる心――の3つを挙げた。

ホスピタリティ

モロッコにおけるホスピタリティの根源は、イスラム教の「人にはよくすべし」という教えにある。加えて、北アフリカの砂漠気候は生易しいものではなく、そのような厳しい環境の中では、人は互いに助け合わねば生きてゆけなかった。その助け合いの精神が、現代に至ってもなお、守られているのではないか、と外山さんはみる。自分に経済的・精神的なゆとりがあって初めて他者を助けるのではなく、たとえ生活に困窮し、自分の家族が食べる物に事欠いていても、その僅かな食べ物を客人に提供するような徹底ぶりとのこと。

客人を家に泊める場合は、「ゲスト用ルーム」としてしつらえられた部屋に通すのではなく、普段は客間として使っている、家中で最もよい部屋の私物を片付け、そこで寝泊りしてもらうことが多い。[*1]外山さん自身も、夫の実家では最良の部屋を明け渡され、当初は驚き、恐縮してしまったという。こうしたホスピタリティは、一般的な外国人旅行客に対しても発揮される。

旅行客がモロッコ人に道を尋ねたところ、あまりに親切にされ、家にまで招待されて面食らった、といった話は決して珍しくないようだ。日本人は、つきあいの長さや互いの立場等によって〝この友人には、ここまでならしてもらっても大丈夫〟〝この人にこれ以上お世話になったら申し訳ない〟などと考えつつ、相手に何かしたりされたりすることに慣れている。そのため、モロッコ式の過剰ともいえるもてなしを、どこか押し付けがましく感じ、〝初対面なのに、なぜこんなによくしてくれるのか。何か裏があるのではないか？〟と不審がってしまう。それが人間関係づくりの壁になることも往々にしてあるそうだ。

喜捨の心

モロッコ人は、富める者が恵み、貧しい人が恵まれる、という関係の中で、恵まれる人が下位で、恵む人が上位にあるとは決して考えない。「喜捨」は狭義に「富者から貧者への施し」と捉えず、一

外山厚子さんと夫のバルカツ・ハッサンさん

般生活の中で、他人にご馳走したりされたり、あるいは物をあげたりもらったり、といった行為にも発展させて考えると、より一層モロッコ人の考え方が見えてくる。

外山さんは、モロッコ人の輪に混じってお茶を飲みに行ったり、外食をする際に、同じ顔ぶれでの会食なのに、いつも同じ人が食事代を払っているのに気づき、戸惑いを覚えたことがあるという。日本であれば割り勘ならずとも、「前回ご馳走になったので、今日は私が……」といったやり取りがなされ、総体的にバランスがとれていくもの。

しかし、モロッコでは、ご馳走され続ける人が萎縮したり、遠慮したりすることはない。「いつか経済的にゆとりができたら、今度は自分がご馳走しよう」と内心思いつつ、堂々と食卓についている。ご馳走する側は、「いつかお返ししてもらえたら、それはそれで嬉しいが、そうならなくても構わない」というさばけた思いでいる。「恵んであげる」のではなく「恵ませてもらっている」と思い、「ご馳走してあげる」のではなく「ご馳走させてもらっている」と考え、感謝するのがイスラムの教えにかなった生き方なのである。

天命を信じる心

第3のキーワード「天命を信じる心」にまつわり、外山さんは、ある独特なアラビア語の表現を紹介してくれた。〝インシャアッラー〟――直訳すれば「もし神様が望まれるなら」。この言葉の根底には、イスラム教徒として、神の心に従って生きようとする姿勢があり、宗教色の強いものなのだが、モロッコ人は、この表現を日常生活でも頻繁に使う。例えば、誰かと会う約束を決めるとする。「では、何時にどこで会いましょう」とこちらが言えば「インシャアッラー」（神様がそのようにお望みならば）と返す。その約束に遅れた場合も「インシャアッラー」。「遅れようと思って遅れたのではない。神様の思し召しだった」というわけだ。[*2]

マラケシュのジャマエルフナ広場の夜景
（写真提供：INTERMONIPP）

「遅刻」程度であればまだよいが、ビジネス上の約束が履行されないといった状況も全て「神の思し召し」で片付けられてしまっては、日本人ビジネスパーソンとしてもやりきれない。

外山さんは、「モロッコでビジネスや交渉をする場合は、一本の道だけ考えるのではなく、第2、第3の道をひそかに準備しておくことも時には必要」とアドバイスする。プロセスが途中で頓挫することを想定し、あらかじめバックアッププランを用意しておくのだ。とはいえ、プライドの高さで知られるモロッコ人に対して、はじめから相手を信用していないような態度はもってのほか。ただ、常に自衛の手段を考えておけば、多少の遅れが出ても、百パーセント期待通りの結果が得られなくても、それほどカリカリせず〝これもモロッコ風〟と余裕をもった対応ができるし、相手との関係もギクシャクせずに済む。

＊1 モロッコの住宅は、元々「個部屋」が少ないのが特徴。一般的には普段訪問客をもてなす「サロン（居間）」を滞在中の居室として提供し、サロンに常置されているソファをベッド代わりに使ってもらう。

＊2 モロッコだけでなくアラビア語圏で〝イスラム式言い訳〟として有名な「インシャアッラー」というフレーズは、本来は「すべては神様がそうなるように望んで初めて実現されるものだ」という慎ましい姿勢を表わしている。

アルジェリア◆Algeria

●面積：238万㎢
●人口：3,500万人
●民族：アラブ人80%、ベルベル人19%
●宗教：イスラム教（スンニ派）

自他ともに認める〝アフリカのオピニオンリーダー〟

アルジェリアは地中海に面した北アフリカの一国、フランスからの独立は1962年であった。東はチュニジア及びリビア、西はモロッコと国境を接し、地中海を隔てた対岸にはスペインとフランスが広がる。アフリカで2番目に広い国土（238万㎢）の大半は砂漠地域だが、首都アルジェをはじめとする主だった都市は地中海沿岸や北部の高原地などに位置し、3千5百万人の人口（2010年世銀）が国土の7%内に集中している。

「アルジェの街には瀟洒な白亜の建物が立ち並び、その白さが地中海のブルーの中にひときわ映える。アルジェリア＝砂漠の国というイメージから酷暑の国と思われがちだが、首都アルジェの緯度は東京よりわずかに北で四季もあり、夏も松風がそよいで日陰に入れば涼しい。冬には雪も降るが、街中に積もるほどではなく、そう遠くない山間部に足を延ばせばスキー場もある。四季を通じてスポーツを楽しめる快適な気候」――そう語るのは元アルジェリア大使（現：日本アルジェリア協会会長）の浦辺彬さんである。

紆余曲折を経たアルジェリア情勢

アルジェリアは世界有数の天然ガス資源国で、生産量も輸出量も開発途上国中首位を誇る。2006年の統計では世界でも生産量で5位（1位ロシア、2位アメリカ、3位カナダ、4位イギリス）、輸出量において4位（1位ロシア、2位カナダ、3位ノルウェー）であった。アルジェリアの天然ガスは地中海海底のパイプランによって西欧に運ばれており、アルジェリアは西欧にとって、ロシアに次ぐ大供給国だ。

日本企業は日本輸出入銀行及び国際協力銀行（JBIC）の融資を受け、アルジェリアの石油や天然ガス関連の施設や技術を供給してきており、日本輸出入銀行とJBICの融資総額は累計9千6百億円を超えている。アルジェリアの天然ガスが日本人の暮らしに直結していないだけに、アルジェリアの知名度は高くないが、日本とアルジェリアの経済関係は、1980年代終盤まで、こうした天然ガス・石油関連事業を主軸に活況を呈していた。そうした状況を一変させたのが、1989年の憲法改正に端を発するアルジェリアの危機であった。

テロにより年間6千人のアルジェリア国民が命を落とす事態となり、日本の外務省はアルジェリアを「危険度4（5段階中）」の国と指定、経済関係も一気に収縮してしまう。1978年にアルジェリア国内在住の日本人は3千234人に達し、1980年代に入っても2千人程度で推移したが、1992年には日本政府から在アルジェリア日本人に退避勧告が出され、日本人学校も閉鎖に至る。観光ができなくなったため、海外旅行ガイド『地球の歩き方』シリーズは1987年版を最後に「アルジェリア」版の出版を取りやめたと思われる。その後、テロ活動は徐々に鎮静化に向かい、1999年の大統領選挙でブーテフリカ大統領が選出されると、同大統領はテロリストたちを厳罰に処さず、投降してきたものは赦免するという「国民和解」の政策を打ち出した。

大使公邸の中庭に立つ浦辺彬さん（17世紀初頭オスマントルコ時代の建物）

浦辺さんが大使を務めたのは、2001年6月～05年12月までの4年半。着任時、治安情勢は依然厳しく、アルジェリア国内にいる日本人はわずか数十人、首都アルジェには大使館員と単身赴任の商社員しかいないような状況であった。高い壁に囲まれたコンパウンドから外に出ることのできない生活が続いたが、浦辺さんは技術協力や文化交流を再開するなど、日本・アルジェリア間の各種交流の復興に力を尽くした。

ブーテフリカ大統領は就任後、G8など先進諸国との外交を積極的に推進（2000年7月の九州・沖縄サミットには、同大統領はアフリカの主要なリーダーとして招聘された）。いずれのG8諸国も同大統領の公式訪問を実現したが、日本政府のみが二の足を踏み続けていた。浦辺さんは両国の外交の現場で、その状況を何とか打開したいと奔走し、2004年4月に同大統領が再選された後、同年12月にようやくアルジェリア大統領として史上初めての日本公式訪問を実現することができた。

アフリカのオピニオンリーダー

アルジェリアは、アフリカ連合内で南アフリカ、ナイジェリアと共にリーダー国の地位にある。また、アルジェリアはアフリカ域内における援助「供与国」として、サハラ以南のアフリカ諸国から毎年計1千人を超える留学生や研修生を受け入れている。

例えば、アルジェリアには機関士や航海士を養成するための「上級船員養成学校」があり、日本の技術協力により、指導のための専門家が派遣されたが、アルジェリアは日本からの援助を受けるだけではなく、自国の費用でこの船員学校にも近隣諸国から一定枠の研修生を受け入れている。また、フランスの国立行政高等学院（ＥＮＡ）に準じて作られたアルジェリアのエリート養成校（政官界に進む人材を輩出）も、他のアフリカ諸国からの学生枠を設けており、注目に値する。こうした地道な活動を通じ、アルジェリアは〝アフリカのオピニオンリーダー〟としての存在感を着実に高めている。

「アラブ化」が進むアルジェリア

アルジェリアは、１９６２年に独立してから本格的に「アラブ化」「イスラム化」を始めた国である。仏領時代（１８３０〜１９６２）の約１３０年間はフランス本土の一部として扱われ、アラブ社会であることを否定されていた。アルジェリアが対仏武装蜂起を始めた１９５４年、レジスタンス軍はフランス人にわからない言葉でコミュニケーションを図るべく、密かにアラビア語を教え始めた。そしてレジスタンス運動の勝利によって独立がもたらされた後

首都アルジェの遠景（撮影：浦辺彬）

は、その流れを継承し、シリアやエジプトからアラビア語の教師を招いてアラビア語による義務教育の普及に努めた。同時にイスラム化も進め、1970年代に養豚禁止令やアルコール禁止令が順次出されたのである。アラブ化、イスラム化はその後もひたひたと進み、浦辺さんも着任中に、今まで顔を覆わずに出勤していた大使館のタイピストが、いつの間にかベールを被っている、といった場面に出くわしたりした。しかし、義務教育がアラビア語で実施されても、大学では（特に理科系の学科では）フランス語を使用するケースが多く、完全にフランス語を断ち切れないジレンマもある。

〝自分の呼吸の音が聞こえる〟タッシリの砂漠

浦辺さんの心をとらえたアルジェリアの景観は、「タッシリ高原の砂漠」である。「タッシリ高原の砂漠は砂がパウダーのように細かいからなのか、周りの音が全て吸収されてしまう。そこに佇んでいると、虫の羽音ひとつなく、自らの呼吸の音までが聞こえてくるほどの静けさで〝沈黙が聞こえるタッシリ〟と言われる。人口密度が高い場所に住むのに慣れている日本人がこの地を訪れれば、精神がしんと鎮まり、ストレスから解放されるような経験ができる」と浦辺さん。

対日経済交流

経済面では、浦辺さんの在任中にアルジェリアを東西に横断するハイウェイ（モロッコ――アルジェリア――チュニジア）の建設計画が準備されていたが、その後、西側の3分の2の工事を中国が受注、残る東側の3分の1（山河を越えねばならず、トンネルや橋梁建築の技術が問われる難所多数）の工事を日本のグループが請け負うことになった。このプロジェクトが主たる機関車となって、日本との経済交流も再活性化しており、2008年10月には、在アルジェリアの日本人は8百人以上を数えるまでになった。「国民和解」が実施に移されてから10年余り、アルジェリアが着々と地歩を固め、アフリカのリーダーとして一層の輝きを見せてくれることを期待したい。

ひと口メモ

知っておきたい、アラブの基本知識

アラブ　アラブ（アラブ人）とは、遊牧民を意味するアビルが変形したアラビア語。元々アラビア半島に居住し、アラビア語を母語としていた人々を指す。7世紀以降、アラブは中東地域に広く進出し、アラビア語とイスラム教を浸透させた。その結果、アラビア語を話す各地のイスラム教徒は、その属する民族に関わらず、自らをアラブと規定するようになった。さらに19世紀後半にアラブ民族主義が生まれると、アラブをひとつの民族とみなす考え方が影響力を増した。

アラブとイスラム教　アラブとイスラム教の結びつきは強いが、両者は100％重なり合うわけではない。アラブ人の中にはイスラム教以外の宗教を信仰する人もいる。また、トルコやイランはイスラム教国だが、非アラビア語圏であり、アラブではない（主要言語はそれぞれトルコ語、ペルシャ語）。

アラビア語　アラビア語を母語とする人口は全世界に1.5億人以上。アラビア語社会では、正則アラビア語（文語）と口語アラビア語が併用されている。前者は、コーランの古典アラビア語の伝統を継承して発展・成立したもので、モスクでの説教や報道、国際会議など公的な場で用いられる。後者は日常の会話で使われる方言で、かなり地方色豊か。アラブ人同士でも出身地が違うと理解し合えないことがある。

大洋州・ハワイ

フィジー

トンガ

ハワイ

フィジー◆Fiji

●面積：1・8万㎢
●人口：85万人
●民族：フィジー系57％、インド系38％、その他5％
●宗教：フィジー系はほぼ100％キリスト教、インド系はヒンズー教、イスラム教

〝カバ〟でお近づき

「フィジーというと、日本での一般的なイメージは〝南太平洋の楽園〟ということになるのでしょうが、政治的には安定しているとはいえず、それが経済にも暗雲を落としています」。フィジー在住で、南太平洋大学・政治開発国際学科「ガバナンス・プログラム」研究員の中川治生さんはそう語る。

フィジー系とインド系

フィジーの正式名称はフィジー諸島共和国。332の島々からなる国で、総面積は日本の四国

とほぼ同じ。約85万人の人口のほとんどは、2つの大きな島に住んでいる。フィジーには、原住系のフィジー人の他に、大英帝国植民地時代に流入したインド系の移民の子孫が多数住んでおり、インド系フィジー人（インド・フィジアン）と呼ばれている。公用語は英語とおのおのの民族語であるフィジー語、ヒンディー語である。

1990年くらいまでは、人口比はほぼ5対5だったが、その後、インド系は海外に大量に移民してしまい、現在は全人口の40％を切っている。この割合は今後もさらに減るものと予測される。

中川治生さん（スキューバ・ダイビングのために訪れたベンガ島の教会前にて）

最近までは、〝経済と商業を握るインド系〟と〝軍事と土地の所有権を持つフィジー系〟という政治的な対立構造があったが、インド系人口の減少により、この構図にも変化が出てきている。1987年から4度クーデターがあり、最初の3度（1987年に2度、2000年に1度）は、インド系対フィジー系の対立が主な原因だったが、2006年のクーデターでは、フィジー系同士の対立が主因。現在政権を担っているのは2006年にクーデターを起こした軍司令官で、議会は強制的に解散させられ、次の選挙は201

4年まで行われない予定。フィジーのクーデターは、ほぼ無血で、街に軍服姿の兵士があふれているわけでもなく、日本人が訪れるような観光地には全く影響が出ていない。しかし、こうした政治的な不安定さと世界的経済不況とが相まって、現在、国としての主な収入源である観光業、砂糖産業、繊維産業はどれも厳しい状態にある。

南太平洋大学

南太平洋大学は、フィジー国立ではなく「地域立大学」で、フィジーの他にクック諸島、キリバス、ナウル、ニウエ、ソロモン諸島、トンガ王国、トケラウ、バヌアツ、ツバル、サモアといった南太平洋の島嶼国の高等教育機関として1968年に設立された。1991年には北太平洋のマーシャル諸島が加わって、計12カ国の大学となった。運営しているのはこれらの国々だが、主要な建物などの設備は概ね援助でまかなわれており、援助額で、オーストラリア、日本（主にJICA）、EU、ニュージーランドの順に貢献度が高い。

中川さんは、「予算制度」や「国営企業の健全経営」「地域の政府とガバナンス」といったテーマで大学院生の少人数のクラスを担当している。南太平洋大学の成り立ちを反映し、研究領域はフィジーのみならず、南太平洋諸国全般や域内国と域外国の関係にまで及ぶ。大学院の学生は、学部を出てすぐの二十代前半の若者もいるが、三十代から五十代の社会人が多数を占める。

フィジー社会の様相

フィジーでは、都市部とそれ以外の地域に住む人々の人口比は現在5対5だが、近年、都市への移住が増加している。

カンダブ島のワイサリマ海岸（撮影：中川治生）

フィジー人の村の暮らしでは、家族（親戚を含む大家族制）が核となり、教会や村でのつきあいが重視される。こうした環境もあり、個人主義はほぼ「悪」とみなされる。

「核家族を基本とする生き方に慣れた人々には息苦しく感じられるかもしれないが、血族や一族など村にいる全ての人が助け合って暮らすという知恵が生きていて、私には温かいというイメージがある。都市や町に移り住んだフィジー人の間では、こうした濃密な関係は崩れつつあるものの、全てが崩れて、日本や他の先進国の都市のように核家族化するにはまだ相当に時間がかかると思われる」と中川さん。

フィジー人は父系社会で、男尊女卑の傾向もまだ根強い（大英帝国の植民地になってから、階級性や父系性が強化されたらしい）。地域により例外もあったようだが、普通、女性は村での意思決定の場に公式には参加を許されないのが「伝統」であった。インド系もこのあたりはあまり変わらない。男女とも十代後半や20歳そこそこで結婚することが珍しくなく、特にフィジー系では、最近まで一家の平均的な子どもの数は4、5人と子だくさんであった。地方ではフィジー人の村も、インド人の村も電化や機械化があまり進んでいないため、女性の家事・育児は重労働で、しかも、現金収入を得るための内職（お土産品の製作や小規模な畑作）もやっている場合が多い。都市部に住んでいる女性は、配偶者の収入が十分でなければ、自身も働きに出るのが一般的である。

カバ・セレモニー

フィジー人の村には「カバ・セレモニー」という有名な儀式がある。カバとは、胡椒科の植物の根っこを乾燥させたもの。これを鉄製の筒に入れ、鉄棒で突いて粉砕し、水に溶かし、布で濾してから飲む。カバ・セレモニーは、訪問者を歓迎する際には欠かせない儀式で、1つのカップにカバを溶いた水を入れ、車座になった人々が順番に飲んでいく。一人が飲み干すと、同じカップに新しいカバ水を注いで、次の人が飲む。

カバには、いわゆる〝鎮静作用〟があり、これを飲んだ後は心身の緊張感が失われるので、スポーツや仕事の前に飲むには適さない。お酒と違って、飲んで暴れる人はまずいないが、飲み過ぎは内臓に負担をかける。かつては、部族間紛争の調停の場でカバが飲まれたという話もあり、カバによって双方が穏やかな心境になれば、調停がうまくいくというような効果があったのかもしれない。フィジー人の間では結婚のお祝いにも、不祝儀の際も、カバが贈呈品としてよく選ばれるが、その際は、乾燥した立派な根っこをきれいに束ねたものを進呈する。カバは乾燥後に粉砕したばかりのものが新鮮で美味と考えられているため、既に粉砕済みの粉をもらうより、根っこの状態でもらった方が贅沢感があるのだ。

車座に座って順番に飲む儀式は、友達同士でカバを飲む場合にも尊重される。フィジー人の男性は週末（翌日に仕事がない土曜日）などにカバを大勢で飲み、語らい、歌を歌ったりしてリラックスする。ただし、週末以外にもカバを過剰に飲んで、翌日の仕事に差し支えたりすることもあり、伴侶のカバの飲み過ぎを嘆く主婦も多い。インド系の男性の中にもカバを好んで飲む人が多くいるが、フィジー人ほど儀式にこだわらない。なお、フィジー人は、お酒はクリスマスの時ぐらいしか飲まない。

フィジーからの海外移民の現状

インド系フィジー人が多く海外に流出していることは冒頭で述べたが、近年はフィジー系についても海外への人の流れが顕著となっている。出稼ぎ収入を本国へ送金することで、国家経済にはプラスに働いているが、国内に十分に就職先が確保されていない現状は、フィジー経済・産業の停滞を物語る。

２０００年のクーデター後、観光でフィジーを訪れる日本人は減少し、以後横ばいの状態だ。現在フィジーに駐在している日本人は、観光業界か大使館・ＪＩＣＡ関係者、それに最近できた日本人向けの英会話学校の先生にほぼ限定される。中川さんは「今後、日本企業や日本人の経済活動がフィジーで活発化することで、日本・フィジー間の交流ももっと多彩になるのではと期待される。だが、そのためには日本人が安心して投資できるような状況の確保、特に政情の安定が大前提」と語る。

トンガ◆Tonga

●面積：720㎢　●民族：ポリネシア系（若干ミクロネシア系が混合）
●人口：約10万人　●宗教：キリスト教

〝タブー〟の語源となった「南の聖なる島」

奥野照義さんとトンガ王国（以下、「トンガ」）とのつきあいは、1989年、内閣府主催の交流プログラム「日本青年海外派遣団（オセアニア団）」の団長として訪問した時に始まる。奥野さんは25歳の時に明治百年記念事業の第1回「青年の船」（1968年）に参加。以来、同窓会組織（後に事後活動団体）を立ち上げたり、リーダーとして第11回「青年の船」に乗船するなど、内閣府の青年国際交流事業をさまざまな形で支えてきた。

国の事業や水泳コーチ、仕事、個人旅行などで38カ国（北朝鮮を含む）を訪れたことがあるが、その中でもトンガは、最も印象に残る国だそうだ。「トンガの自然はたとえようもないほどで、まさに〝息を飲むような美しさ〟。神々が作った芸術品としか思えない。トンガの人々を見ていると、この美しい自然も、心美しいトンガの人々への神様の贈り物ではないか、とさえ思えてくる」と、しみじみ語る。

〝The Friendly Islands〟

トンガは立憲君主国で、現国王は「ジョージ・トゥポウ5世」である。国土の面積は、佐渡よりやや小さく、人口は10万人ほど。首都はトンガタプ島の北端に位置するヌクアロファにある。平均気温は北部で約24度、南部で21度と涼しく、首都の年間気温はおよそ17~30度だ。日付変更線の脇にある関係で、トンガは〝世界で一番早く朝を迎える国〟である。その国土全体が真っ白い隆起サンゴ礁からなっているため、南太平洋諸国の中でも、とびきり美しい海をもっている。

1773年に英国人、ジェイムス・クック(キャプテン・クック)は初めてこの地を訪れた時、心やさしく、友好的なトンガの人々に感激し、〝The Friendly Islands〟とヨーロッパ諸国に紹介した。トンガの人々は、この〝愛称〟とその響きを好んで民族の誇りとし、トンガ国営のラジオ放送も、〝Maloe lelei!(こんにちは)The Call of the Friendly Islands〟と呼びかけて放送を開始している。

「キャプテン・クックのこの愛称が示す国民性は、二百数十年経った今日も全く変わっていない。トンガは、風物が美しく雄大であるばかりでなく、人々が他人を愛する心をもち、その愛情を〝生活のリズム化〟していることを、つくづく実感させられる」と奥野さん。

奥野さんは、来日しているトンガ人留学生や、在トンガの元留学生たちと交流を続けているが、中でも特に親しい盟友が、マサソ・パウンガ氏（前労働通商産業観光大臣／現トンガ開発銀行総裁）である。マサソ氏とのつきあいでは様々なエピソードに事欠かないが、彼がまだ留学生だった頃、自分の限られた小遣いを割いて食べ物を用意し、日本滞在中の7年間、毎月近所の公園に集まるホームレスの人たちに配っていた。大臣になってからも、昔と全く変わらず、来日するたびに過密スケジュールをぬって公園に行き、ホームレスの人たちと交流していたそうだ。

ゆったりした暮らしのリズム

「トンガ人は一生の間に走ることがあるのだろうか？　急いだり慌てたりすることがあるのだろうか？」奥野さんは、ふとそんな素朴な疑問を抱く。土砂降りの雨の中でさえ、男性も女性も楽しそうに歌などを歌いながら悠々と歩いており、濡れるのが嬉しくて仕方がないようにさえ見える。「素敵なドレスがあんなに濡れてしまって……」とこちらが心配気に視線を送って目が合うと、見知らぬ人でも、まるで数十年来の知己のように、こぼれるような笑顔で「こんにちは!」と手を振ってくれる。

また、トンガでは、歩いて10分で行かれる距離でも、30分前に出発しないと遅刻をしかねない。トンガ人は、知っている人とも知らない人とも明るく挨拶を交わし、親しく話しかけてくるからだ。「人間が時間に追われるなどという発想は、トンガの人々にはないように見える」と奥野さん。

「南の聖なる島」と畏れ敬われてきたトンガ

トンガは南太平洋諸国の中で、唯一植民地にならなかった国である。18世紀から19世紀にかけて、南太平洋に欧米列強がなだれこんできた。そして、オーストラリア、ニュージーランド、フィジー、キリバス、ソロモン、トウバル、クック諸島、ニウエが「英国領」に。マーシャル諸島とミクロネシア連邦が「スペイン・ドイツ領」に。ナウルとパラオが「ドイツ領」に。ヴァヌアツが「英・仏領」に。パプア・ニューギニアが「オランダ・英国・ドイツ領」に。サモアが

トンガ王国の「テルヨシ君」とその両親。("We are Teruyoshi." と書かれた）パネルを手にしているのが奥野照義さん。右端は奥野さんの長女、英美さん（首都ヌクアロファのテニスコート施設で）

「ドイツ・米国領」に。ニューカレドニアが「仏領」に。ハワイが「米国領」に——とそれぞれ植民地化された。

トンガにおいても、「国の運命をどの国に託したらよいのか」と、国の存亡をかけて国論が割れに割れた。その時、当時の国王トゥポウ1世は、国民に対し「わがトンガ王国は、いかなる国の干渉も許さない。わが国は神様にお守りいただくのです」と呼びかけたという。国王や人々の祈りが通じ、トンガは植民地化を逃れたが、その本当の理由はほかにあったようだ。当時、トンガは南太平洋の盟主として、ほぼ全域に影響力を持ち、強大な勢力を誇っていた。だが、それは「力」によるものではなかった。南太平洋諸国・地域の人々は、古来トンガを「トンガタプ（「南の聖なる島」の意）」と、畏れ敬っていたのである。それゆえ、欧米列強もまたトンガを南太平洋の〝聖地〟として尊重し、〝手出しすることを控えた〟と見られる。触れてはいけないものを「タブー」と言うが、この言葉は、「トンガタプ」の「タプ」が語源である。

気は優しくて力持ち

われわれ日本人に身近なトンガ人というと、元横綱武蔵丸（武蔵丸光洋）が筆頭に挙げられようか。本名はフィアマル・ペニタニ。トンガ人の父マヌとサモア人の母ニマラの子で、8人兄弟の3男。つまりサモア系のトンガ人だ。

18歳で来日した武蔵丸は、1989年9月に初土俵を踏み、12回優勝を飾り、1999年には横綱に昇進を果たした。

「われらが武蔵丸は〝この一番に勝てば優勝〟〝この一番に勝てば大関〟といった大事な一番には必ず期待を裏切ってくれた。そんな時、マサソ氏（当時留学生）たちが、わざと怖い顔をして、大関武蔵丸に喝を入れたらしい。〝トンガ人なら負けるはずがない〟〝トンガ人がなぜ負けるんだ〟と。すると、すっかりしょげかえった武蔵丸は、あの巨体を縮め、か細い声で釈明をしたとか。〝トンガ人は負けていない。負けたのはサモア人の武蔵丸だ〟と（お母さんのサモアの血のせいにしたのだ）。何ともユーモラスな答えだが、〝トンガ人武蔵丸〟の誇りから出た、真面目な言い訳だったようだ」――奥野さんは、当時のエピソードを語り、「心も体も大きく、気は優しくて力持ち……武蔵丸は、まるでトンガ人を絵に描いたような愛すべき男です」とほほえんだ。

奥野さんは12年かけて、トンガ語の辞典「体験的『トンガ語会話』」（2002年発行）を完成させ、1995年から約10年間、「南太平洋トンガ王国観光省駐日代表」も務めた。トンガ人の知己も増える一方で、奥野さんを慕うトンガ人一家が、自分たちの息子に「テルヨシ」と命名するため、トンガには何人かの「テルヨシ君」が存在しているそうだ。

トンガは国民のほとんどが敬虔なクリスチャンという宗教上の影響か、禁酒の国で、悪質な犯罪もない。刑務所も、土曜日には受刑者を全員帰宅させるので、週末はからっぽになる。受刑者は日曜日には家族と揃って教会へ行って祈りを捧げ、そののち一族で伝統料理の夕餉を囲み、月曜日の朝、自主的に刑務所へ戻ってくる。

だが、そんなトンガも、近年はグローバリゼーションという名の大きな渦に巻き込まれている。そのひとつの例は、外国人の流入と、土地の買い占めである。価値観の違いと言ってしまえばそれまでだが、例えば中国系住民は防犯意識から、目抜き通りに大きな鉄格子入りの家を建て、それが街の景観を随分と様変わりさせた。元来、他人を疑ってかかることを知らないトンガ人にとって、鉄格子の出現は大変ショッキングなことであった。

ハワイ◆Hawaii（アメリカ合衆国・ハワイ州）

●面積：1・7万㎢
●人口：136万人
●民族：アジア系が最多、その他、ヨーロッパ系、混血、ハワイ先住民系及び太平洋諸島系
●宗教：キリスト教、仏教、その他（含：ハワイの伝統的な宗教）

多民族社会の中の融和精神

プロのダンサーだった石橋成美《しげみ》さんは、二十代後半に本格的に英語を勉強したいと志し、1年間ハワイ州立大学マノア校附属の語学学校に留学した。

滞在中はホームステイをし、計3家族にそれぞれ3〜4カ月ずつお世話になった。

ハワイは、民族構成が多彩で、州人口約130万人のうち、先住ハワイ人の人口は10％に満たない。全人口の約40％を占めるアジア人（フィリピン系、日系が多い）の他、ヨーロッパ人や、少数ながらヒスパニック（メキシコ系、プエルトリコ系）やアフロアメリカンなど――多様な人々が住み、相互間の婚姻も進んでいる。石橋さんがホームステイをした先は、フィリピン系やドイツ

系など、ハワイ系以外の家庭であった。

ハワイの歴史的背景

ハワイの先住民は、ポリネシアにルーツをもつということは分かっているものの、文字をもたない人々であったため、具体的な年代などはっきりしたことは明らかになっていない。記録が残されているのは、１７７８年のクック来航や、カメハメハ大王（１７９５年にハワイ王国の樹立を宣言、１８１０年にハワイ諸島を統一）の治世頃からで、それまでの歴史は口承により伝えられているにとどまる。

19世紀は、ハワイにとって激動の時代であった。１８２０年、多数のキリスト教宣教師の上陸によって、自然崇拝を基とする先住民族の宗教が否定される。１８５０年代にはハワイ語[*]に代わり英語が公用語となり、同じ時期、サトウキビ農園の労働者として、日本やフィリピン、中国、プエルトリコなどから大量の移民が流入。移民によってもたらされた病原菌によって免疫のない先住ハワイ人の人口が大幅に減少した。そして、１８９８年にはアメリカ合衆国がハワイを併合。１９５９年にはハワイは米国の50番目の州となった。１９７８年、ハワイ語は（英語と並ぶ）州の公用語として復活したが、現在、州民の大多数は英語でコミュニケーションをとっている。

ハワイの住民が多民族構成なのは、こうした歴史的背景によるところが大きい。石橋さんは、「私の場合はわずか1年の滞在であり、決して社会を深く観察できたとはいえないが」と断わりつつも、「ハワイでは、民族による扱いの格差や差別といった負の要素が全く感じられなかった。出自がどうこういうことは関係なく、ハワイの住民として皆が融和して暮らしているように見受けられた。この融和精神、言い換えるなら、他の民族へのこだわりのなさが、ハワイ社会の一番の美徳なのではないか」と実感を語る。

こうしたハワイの融和精神を、思いがけず、間近で感じる出来事があった。友人のホームステイ先に遊びに行ったときのこと。その家庭は、中国系の夫とドイツ系の妻、そして幼稚園児の男の子1人のファミリーだったのだが、その日は、父親が男の子と一緒に、マイケル・ジャクソンの〝Black or White〟という有名な楽曲のプロモーションビデオを観ていた。ビデオでは、マイケルの歌に合わせて様々な人種の人たちの顔が次々に出てくる。父親はビデオに見入るわが子に優しく、「人間はみんな同じなんだよ。差別してはいけないよ」と語りかけ、男の子もその言葉に神妙に頷いていた。石橋さんは、「どんな人種も境なく、平等に」というハワイの心が、家庭で、実際に幼い子どもに伝えられている現場に遭遇し、厳粛な気持ちになった。

ハワイの自然の魅力

「空気がきれい、海がきれい、そして人や気候がいい……とハワイには三拍子も四拍子も揃った魅力がある」と石橋さん。

ハワイ諸島の中で、オアフ島は人口が最も多く、州都ワイキキがある。マウイ島は人口が少なく自然が豊かだ。ハワイ島は変化に富む地勢で、西部は乾燥していて樹木が育たず、東部沿岸地域は雨が多く、南部は活火山「マウナ・ロア」の溶岩に覆われた黒い大地、と一周するだけで景観の違いが楽しめる。ハワイ島の北部には「マウナ・ケア」というハワイの最高峰があり、その標高は4千25m。山頂周辺には世界各国の研究機関が設置した天文台がある。マウナ・ケアにはマイカーで登ることはできないが、山頂行きの車のツアーがある。

フラとの出会い

ハワイでは、行政が各種の市民講座を開催している。石橋さんは、大学で授業がない午前中を有効に過ごそうと、英会

フラ・カヒコを踊る石橋成美さん

オアフ島・ダイヤモンドヘッド山頂からは、ワイキキビーチ全体が見晴らせる。ダイヤモンドヘッドは約30万年前に火山の噴火によってできたクレーターで、その外輪山の最高地点は232m。（撮影：石橋成美）

話の講座に通い、夜間には「何か身体を動かすことがしたい」と、フラのクラスに通い始めた。市民講座のフラクラスには、ハワイ生まれの人たちに交じり、老後をハワイで過ごそうとアメリカ本土からやってきている夫婦もいた。健康維持を目的に習っている中高年の人たちが多く、クラスのムードものんびりしたものだったが、石橋さんにとって、伝統的なハワイ文化に触れる、大変貴重な時間であった。

1年間の留学を終え、日本に戻って進路を考えた時、「今後もずっとハワイとつながっていきたい」という思いが自然に湧いてきた。そして、「ハワイの伝統文化であるフラをきちんと学ぼう」と方向性を見定め、神奈川県平塚市のフラスタジオに入門した。日本のフラ指導者の草分け的な先輩から2年間教えを受け、その後自らが講師として、生徒を指導する立場になった。

ちなみに、「フラ」というハワイ語には、ダンス、楽器演奏、歌唱、チャント（詠唱）の全ての意味が含まれる。一般的には「フラダンス」というふうに〝ダンス〟という言葉を補って呼ばれることが多いが、専門家は「フラ」という総称を用いるのが普通だ。

フラの世界は大変奥が深い。元来はハワイの先住民が神話の神様に捧げた祈祷の儀式で、男性が踊りを担っていた。その後、キャプテンクックが来訪した頃から、西洋の客人をもてなすため、女性が優美な踊りを披露する場が増え、フラがさまざまな形で進化を遂げてきた。

フラには、〝カヒコ〟と呼ばれる古典フラと、〝アウアナ〟と呼ばれる現代フラがある。〝カヒコ〟は大きな瓢箪のような太鼓を先生が叩いて拍子をとり、生徒たちが詠唱しながら群舞するもの。流派によって基本的なステップが違う。〝アウアナ〟は、ウクレレ、ギターなどの近代的な楽器に合わせ、歌や踊りを披露するもので、新しい曲もどんどん作られている。

フラの歌曲には、ハワイの自然が歌い込まれているため、踊り手としては、風や木の葉のゆらぎ、陽光の温かさ、花の香りなどをどれだけ五感で感じられるかで、醸し出せるものも変わってくるそうだ。

＊ ハワイ語：ハワイ諸島に先住していたポリネシア人が話していたオーストロネシア語族の言語。現代ハワイ語は、英語や移民人口の影響を受け、発音・語彙などが変化したもので、現在、19世紀当時のハワイ語を話せる人々は大変希少。

あとがき

　本書を編む過程では、それぞれの方をインタビューさせていただいた当時のことを振り返り、感謝の思いを新たにした。

　インタビューに際しては、どの国についても伺ういくつかの典型的な質問はあるものの、こちらの規定路線に沿って、話を導き出すことはしていない。その方の現地での経験に根ざした話、また、その方が特に伝えたいことを尊重・優先して文章を構成している。そのため、「その国の何に焦点を当てるか」は、個々の文章によって異なっている。

　基本的な方針として、政治経済の状況など常に移ろいゆく点よりも、「国民性」や「人々の価値観」「暮らしの知恵」など、10年、20年では変わりようのない、文化・社会的な側面に光を当てるようにした。その国を語る上で重要な、また、それが人々の考え方に少なからず影響しているであろうと思われる場合は、歴史的背景にも紙面を割いた。

この場をお借りして、筆者自身のささやかな海外経験について触れさせていただきたい。振り返ってみると、筆者のその後の人生行路を方向づけたのは、大学3年次に参加した、総務庁（当時）主催「東南アジア青年の船」であった。2カ月をかけ、ASEAN諸国（当時6カ国：インドネシア、マレーシア、シンガポール、タイ、ブルネイ、フィリピン）を訪問。6カ国代表の青年たちと船上生活を共にし、各国ではホームステイも組まれていたため、日々是「異文化交流」といっても過言ではない環境で、大いにもまれ、鍛えられた。

大学卒業後は、財団法人 国際文化会館 企画部にて3年間勤務の後、1992〜96年タイ、バンコクの国立チュラロンコン大学（文学部修士課程）に留学した。タイ人の精神世界は日本人のそれと近い部分があり、タイ社会で暮らしていると、どこかほっとするところもあったが、「異文化」を感じ、葛藤を覚えたことがなかったわけではない。タイでの4年間は筆者の唯一の海外滞在経験であるが、その経験がひとつの「窓」のようになり、後に、多くの方の海外経験談を伺える幸運に恵まれた際には、その窓を通じて共感し、また、より本質的な何かを吸収しようとすることができたように思う。

帰国後に就職した（株）インテック・ジャパンでは、9年間「海外赴任前研修」のコーディネートを担当した。職責を担って海外に赴任するビジネスパーソンのために、各国・各分野の専門家を委嘱して研修プログラムを組む――その過程で、多くの経験豊かな講師陣にお目にかかり、さまざまな国の文化・社会事情に触れて、筆者自身の視野が開かれるような思いであった。

本書の母体となったコラム「海外生活の達人」シリーズは、そうした講師陣の海外経験について伺い、記事にして読者に供しようという目的でスタートした。最初の7編は、「日経ビジネス」誌（2001年2〜9月）に掲載され、その後は、㈱インテック・ジャパンのホームページ上で引き続き連載を行った。本書には、全75編の記事の中から40編を選び、編集・収録した。

ほとんどの国は筆者にとって未踏の地であり、インタビューを行い、記事にまとめながら、まるで一カ国一カ国を「探訪」しているかのような新鮮な思いに包まれた。それぞれの国の経てきた歴史や人々が抱えている問題を初めて知り、自分の不勉強を恥ずかしく思うこともあった。お話を聞かせていただいた方が、現地で積まれた経験と年月の重みを、わずか数ページの文章で表現せねばならないことへの「申し訳なさ」を感じつつも、できるだけ、その国の像に迫りたいという思いで連載を重ねてきた。

末筆ながら、本書を上梓する機会を与えて下さった株式会社 国書刊行会の佐藤今朝夫社長、編集の労をおとり下さった田中聡一郎氏に心より感謝申し上げる。また、10年以上にわたった「海外生活の達人」の連載中、毎号拙文にお目通し下さった㈱インテック・ジャパンの可児鈴一郎前社長、この度の出版に向けて大きく背中を押して下さった勝呂彰現社長にあらためて御礼を申し上げたい。

２０１２年６月

齋藤　志緒理

著者：**齋藤　志緒理**（さいとう・しおり）
東京都出身。津田塾大学学芸学部国際関係学科卒業。財団法人 国際文化会館企画部勤務を経て、1992年タイ国チュラロンコン大学文学部に留学。1996年タイ・スタディーズ専攻修士号取得。1997年株式会社 インテック・ジャパン入社。プログラム・コーディネーターとして海外赴任者のための赴任前特別研修や各国語研修のアレンジを担当。タイ語インストラクターも務める。現在は同社WEBサイトの連載記事やメールマガジンの執筆・編集に従事。著書に『WIN-WIN交渉術！ ユーモア英会話でピンチをチャンスに』（ガレス・モンティースとの共著：2003年、清流出版）がある。

監修：株式会社 **インテック・ジャパン**
異文化研修、ビジネススキル研修、海外赴任前研修等を主要業務とする教育・研修の専門機関。在日100年のスウェーデン系企業、ガデリウス株式会社を母体として1989年に設立。2012年1月より株式会社 リンクアンドモチベーションのグループ企業。
http://www.intecjapan.com/

海外生活の達人たち
──経験者が語る 世界40カ国の人と暮らし

2012年7月10日　初版第1刷発行

著　者　齋藤　志緒理
監　修　株式会社 インテック・ジャパン
発行者　佐藤今朝夫
発行所　株式会社 国書刊行会
〒174-0056 東京都板橋区志村 1-13-15
TEL 03（5970）7421　FAX 03（5970）7427
http://www.kokusyo.co.jp
制　作　有限会社 章友社
組　版　西田久美（Katzen House）
印　刷　モリモト印刷株式会社
製　本　合資会社 村上製本所

ISBN 978-4-336-05534-7